成功心理學

馬斯洛選擇

從複雜人性到病態心理

謝蘭舟，馬成功——著

高峰經驗 × 約拿情節 × 需求懲罰 × 病態反常，恐懼並非源於他人，成功只看個人！

深入探討人類心理和行為

心理健康 × 自我實現 × 心理病態的全新觀點

跟著馬斯洛搞懂內心世界，成功不靠他人也能自我實現！

「許多人固執地相信，各行各業的成功人士都是天生的。

因此，他們的這種觀點嚴重束縛了自身的選擇，不知失去了多少自我發展的可能性」。

目 錄

目錄 •••

目録 ••••••••••••••••••••••••••••••••

導 論

　　亞伯拉罕・哈羅德・馬斯洛（Abraham H. Maslow, 西元 1908 ～ 1970 年），出生於美國一個猶太移民家庭，美國著名社會心理學家、人格理論家和比較心理學家，1967 ～ 1968 年任美國人格與社會心理學會主席和美國心理學會主席，是現代世界著名成功心理學大師。

　　馬斯洛是人本主義心理學的主要創始人，被稱為「人本主義心理學之父」。他主張「以人為中心」的心理學研究，研究人的本性、自由、潛能、動機、經驗、價值、創造力、生命意義、自我實現等對個人和社會富有意義的問題。他從人性論出發，強調一種新人形象，強調人性的積極向善，強調社會、環境應該允許人性潛能的實現。主張心理學研究中應給予主觀研究方法一定的地位，並應突出整體動力論的重要。

　　馬斯洛反對佛洛伊德（Freud）精神分析的生物還原論和華生（Watson）行為主義的機械決定論。馬斯洛把人的本性和價值提到心理學研究的首位，具有重要的理論意義，對於組織管理、教育改革、心理諮商和心理治療具有重要的實用價值。需求層次論在他的心理學體系中占據基礎性地位，自我實現論則為他心理學體系的核心。

　　馬斯洛以人性為特徵的心理學形成了心理學史上的「第三思潮」，猛烈的衝擊著西方的心理學體系。《紐約時報》發表評論說：「『第三思潮』是人類了解自身過程中的又一塊里程碑。」

　　1933 年，馬斯洛在威斯康辛大學獲得博士學位後，主要從事教學和研究工作。1943 年，馬斯洛發表了〈動機理論引言〉和〈人類動機理論〉兩篇論文，第一次把現代心理學的各個流派，包括佛洛伊德主義、華生行為主

導言 ‧‧‧‧‧‧‧‧‧‧‧‧‧‧‧‧‧‧‧‧‧‧‧‧‧‧‧‧‧‧‧‧‧‧‧‧

義、格式塔心理學和有機體理論等綜合了起來，提出了心理需求層次理論基本框架，即生理需求、安全需求、歸屬和愛的需求、尊重的需求、自我實現的需求、認識的需求、對美的需求、發展的需求，在學術界令人耳目一新。馬斯洛在研究人類動機時，始終強調整體動力論的貫徹，並將研究的重點放在全人類共有的、作為似本能天性的基本需求研究之上。這為他的自我實現心理學發展奠定了基礎，也是人本主義心理學思想的萌芽。

馬斯洛隨後在自我實現理論的基礎上，又提出了要以最優秀的人作為研究對象，而不能像佛洛伊德那樣以心理變態者、精神病患者作為研究對象，也不能像華生行為主義學派那樣以小白鼠為研究對象，他選定了兩組人作為研究對象，概括了自我實現者的十三個特徵。他指出自我實現的人並非十全十美，但他們卻是一種價值觀的楷模。

馬斯洛還提出「價值失調」理論，提出當時社會存在的許多常見精神疾病現象的治療，主要包括權力狂、固執偏見、心煩氣燥、缺乏興趣，特別是沒有生活目的和生活意義等現象。

總之，到 1951 年，馬斯洛的需求層次理論和自我實現理論已經逐漸成熟。同年，馬斯洛出版了《動機與人格》（*Motivation and Personality*）一書，這本書使馬斯洛成為了著名人士，被公認為 50 年代心理學領域最重要的一部學術著作，這也是馬斯洛的經典力作。

馬斯洛接著著手研究「高峰經驗」。他從自我實現者那裡發現他們往往頻繁的感受到極度的喜悅，體驗到心醉神迷的美妙感受。這些美妙體驗有的來自大自然，有的來自音樂，有的來自兩性生活。馬斯洛認為這不是一種迷信，而是自我實現者的一種成功享受。高峰經驗使個人的認知能力發生了根本性的轉化，由缺失性認知發展到存在性認知，達到了對於存在

價值的領悟和認識。自我的特性達到了相對完善的狀態,在這一狀態中,人們共享了自身最高程度的同一性。因此,高峰經驗是自我實現的短暫過程,是自我實現的重要途徑。他相信每個人這種潛力都存在,認為這種現象是可以用科學來解釋清楚的,這才應該是心理學研究的主要任務。

1957年,關於人類價值觀新知識的第一屆科學會議在麻省理工學院召開。馬斯洛在會上提出了他對價值觀的看法,強調價值觀是可以科學的進行研究的。他認為人們生存的基本需求得不到滿足,就會嚴重傷害到他們作為人的感情,他們就會形成不健康的價值觀,因為這是由人的本性決定的。

1960年,馬斯洛提出了「優心態群體」理論,他提出由一千個自我實現者和他們的家庭組成「優心態群體」,這就是一個理想的社會。在這個理想社會環境下,人類天生的本能就可以得到越來越多的表現,就會實現他的思想。

1961年,馬斯洛在佛羅里達大學發表了「關於心理健康的一些新問題」的著名演講,他認為幽默與自嘲對心理具有重要作用,幽默能夠釋放人的潛能。他隨後出版了書籍,諸如「高峰經驗」、「自我實現」、「需求層次論」、「缺失需求」、「存在需求」等概念一時非常流行,成了美國60年代的主要時代精神。

1962年,馬斯洛為了學術研究,他親自到安德魯·凱伊(Andrew Keay)的非線性管理系統工廠進行調查。他把自己在工廠的調查研究寫成了書,在學術界和企業界流傳。書中他闡述了關於管理學方面的嶄新思想,提出了許多很有價值的人性觀念,如開明管理、領導心理、綜效原則、人力資本、員工動機、開拓創新、革新會計、企業評判等觀點。這些

導言 ••••••••••••••••••••••••••••••••••

管理思想幾乎成了現代管理與組織的基本原則，成為了現代管理理論的基礎和重要組成部分。

1964年，馬斯洛發表了《宗教、價值觀和高峰經驗》（*Religions, Values, and Peak Experiences*）一書，在書中他認為高峰經驗是有組織的宗教的精華，闡述了他對宗教信仰的看法。

1966年，馬斯洛當選為美國心理學會主席，這說明他的心理學理論受到了廣泛的重視。他又出版了《科學心理學：一種探索》（*The Psychology of Science*），對當時主流科學及其基礎進行了批判。接著又出版了《關於超越性動機的理論 —— 人類價值的生物學基礎》，對人類天生的創造性、勇於接受挑戰等高層次需求作了進一步分析，提出了存在價值（B－價值）理論。

馬斯洛涉及非常廣泛，在許多領域都進行過探索和研究。他主要著作有1954年出版的《動機與人格》、1962年出版的《存在心理學探索》（*Toward a Psychology of Being*）、1964年出版的《宗教、價值觀與高峰經驗》、1965年出版的《健全心理管理》（*Eupsychian Management*）、1966年出版的《科學心理學》、1971年出版的《人性能達到的境界》（*The Farther Reaches of Human Nature*）等，這些著作顯示了他成熟的超個人的人本主義心理學思想。

馬斯洛廣泛的研究從自我實現心理學原理出發，大大超過了心理學研究的範圍，涉及到管理學、經濟學、社會學、倫理學、教育學、宗教、哲學、美學等領域，提出了對於社會、教育、管理、宗教等進行變革的構想，進而形成了內在教育論、心理治療論、社會變革論和健全心理管理論等理論學說。馬斯洛的需求層次和作為最高動機力量的自我實現等概念非常有名，是他的主要貢獻。

1970 年 6 月，馬斯洛於加州門洛公園逝世，享年 62 歲。

馬斯洛的心理學被稱為「第三思潮」，是相對於在他之前兩大思潮的。以佛洛伊德為代表的精神分析學「第一思潮」和以華生為代表的行為主義「第二思潮」。馬斯洛的「第三思潮」無論在思想內容、研究方法和研究對象上，還是在心理治療方法上，都是對佛洛伊德學說和行為主義理論的突破和揚棄，他打破了佛洛伊德的心理學和華生的行為主義心理學，提出了一套更為進步的人類理論。

佛洛伊德心理學體系最基本的特徵，就是來源於佛洛伊德本人的醫學臨床實驗。研究的對象主要是精神病患者和心理變態者。馬斯洛曾說：「如果一個人只潛心研究精神錯亂者、精神病患者、心理變態者、罪犯、越軌者和精神脆弱者，那麼他對人類的信心將越來越小，他會變得越來越『現實』，眼光會越來越低，對人的期望也會越來越小……因此，對畸形的、發育不全的、不成熟的和不健康的人進行研究，就只能產生畸形的心理學和哲學。這一點已經是日益明顯了。一個更普遍的心理科學應該建立在對自我實現的人的研究上。」

華生的行為主義心理學體系最基本的特徵，就是認為人是由低等動物偶然進化而來的。其研究的對象是白鼠、猴子和鴿子等動物。馬斯洛對此指出：「行為主義者關於人只有遺傳的生理衝動的結論，最根本的問題就是大多數研究都是在老鼠身上進行的，而老鼠除了生理動機之外顯然很少有別的什麼動機了。人畢竟不是更大一些的白鼠、猴子和鴿子，既然動物有其獨特的天性，人類也應有自己的特點。」

對於佛洛伊德的精神分析和華生的行為主義，馬斯洛並沒有採取排斥的做法，他說：「研究精神病患者是有價值的，但是是不夠的；研究動物

是有價值的，但也是不夠的。」可見馬斯洛學說的包容性。

馬斯洛為了研究人的特點和人的潛力，他比喻說：「如果你想知道一個人跑一英里最快能用多少時間，你不會去研究一般的跑步者，你研究的是更出色的跑步者，因為只有這樣的人才能使你知道人在更快的跑完一英里上所具有的潛力。」馬斯洛對於人的潛力研究，就是「不斷發展的那一部分」。

馬斯洛首次把「自我實現的人」和「人類潛力」的理論引入心理學研究的範疇。自我實現的人是人類中的最好典範，是「不斷發展的一小部分」。他們心理健全，能充分開拓並運用自己的天賦、能力、潛力。他們也有最基本的需求，但他們在充分享受這些需求達到滿足的同時，並沒有成為這些需求的俘虜。馬斯洛在對他所認為是優秀個人的思想、行為和精神狀態進行大量研究之後，提出了人類具有精神健康的共同特點。

馬斯洛「第三思潮」理論的獨到之處就在於一反當時科學的時尚，堅決指出人類具有共同的價值觀和道德標準，而且他認為這些準則具有科學的根據，可以透過對人類中的優秀代表進行研究找到。

馬斯洛一生都堅持一種人道主義哲學，以便能夠幫助人們認識和啟動對於熱情、創造力、倫理、愛、精神和其它只屬於人類特性的追求能力。他的心理學不僅具有重要的理論價值，而且具有重要的實用功能。他的學說被廣泛的運用到教育、醫療、防止犯罪和吸毒行為以及企業管理等領域，產生了良好的效益。

馬斯洛學說具有超前性，他曾說：「有時候我有一種感覺，好像我的研究是在跟我曾孫的曾孫對話，當然，前一個曾孫都還沒有出世哩。那是對於他們愛的一種表達，給他們留下的不是金錢，而是一些事實上關愛的話語，一些零零碎碎的建議，是我的一些教訓，對他們可能有一些用處。」

美國學術界認為，二十一世紀，馬斯洛將取代佛洛伊德和華生，成為心理學界最有影響的先驅人物。

「亞伯拉罕・馬斯洛是自佛洛伊德以來最偉大的心理學家。本世紀下半葉屬於他。」

「自馬斯洛去世以後的二十五年當中，他的名聲沒有一點下降的跡象，而與此同時，佛洛伊德和榮格（Jung）的聲名卻遍體鱗傷，布滿彈痕，我認為這是非常重要的一點。我相信，這是因為，在馬斯洛的思想當中，最有意義的東西，在他自己那個時代都還沒有顯露出來。他的重要性是在未來，會在二十一世紀顯露出來。」

「我們發現，在馬斯洛的整個思想中，有許多研究、認識及思想在當時都是遠遠超前的。幾十年過去了，我們今天聽起來仍然感到非常新鮮，就好像現在一些工作和思想反倒都過時了一樣。馬斯洛關於要求自我實現的員工、培養客戶忠誠、樹立領導風範和把不確定性作為一種創造力泉源的主張，描繪出了我們今天的數位化時代的圖景，顯得非常深刻。」

馬斯洛研究的就是我們今天生活的這個世界，就是我們這個數位化時代。在這個充滿激烈競爭的世界裡，人的潛力成為了各行各業、各個組織、各個機構競爭的主要力量。

對於這個充滿競爭的時代和社會，我們每一個人都希望調動自身的一切積極因素，健全自我人格，發揮自我潛能、實現自我價值，享受人生幸福、追求人生的真正成功。這不能不說馬斯洛的學說也滿足了我們每一個追求人生成功者的需求。

開發心理，發揮潛能，追求人生的最大成功和幸福，這就是全面推出本書的主旨。

導言 ‧‧‧‧‧‧‧‧‧‧‧‧‧‧‧‧‧‧‧‧‧‧‧‧‧‧‧‧‧‧‧

前 言

馬斯洛認為：「很多人固執的相信，各行各業的成功人士都天生就是這塊料，一生下來就注定將來要吃這碗飯的。因此，他們的這種觀點嚴重束縛了自己的選擇，不知失去了多少自我發展的可能性。」

馬斯洛認為：「大多數的成功人士儘管在各自的領域裡表現卓越，看起來輕鬆自如，但他們絕對不是天生就做得到的。」

他認為成功並非完全靠天賦，而是必須靠追求與奮鬥，這就展現了人的主觀能動性，摒棄了天賦成功的上帝決定論，為人的成功追求提供了理論基礎，同時為實現成功提供了前進的動力和更多的機會、信心，能使更多的人追求成功，實現成功。上帝的寵兒畢竟是少數，成功需要我們自己去掌握。

他告誡人們：如果你很想做某件事，卻有人告訴你缺乏這方面的天賦，你不一定要信以為真。你不妨放開手腳去拚一把。你不去親自試一試，怎麼能知道你具備哪方面的天賦呢？

你過去對自己天賦及能力的看法，你過去發揮或缺乏天賦及能力的經驗，別人對你的天賦及能力的意見等等過去的一切，都可能影響你的前途，你不應該任由這一切主宰你，你應該自己掌握、決定你的未來。

同時，馬斯洛並沒有否定天賦在決定成功方面所起的重大作用，他說：「世上真有一些人，他們生來就漂亮，注定成為照相機的寵兒，因而當了成功的模特兒或男女演員。」有人顯然生來就要吃演藝圈的飯。有人生來具有運動天賦，比如麥可‧喬丹（Michael Jordan）及艾密特‧史密斯（Emmit Smith）。

但他依然認為天賦不是成功的決定因素，他還是認為：「我們心目中的『天生贏家』其實也不全是真的，原因有兩個方面。第一，他們數量太少、太罕見、太不合常理了。第二，他們也要勤奮工作，並努力運用天賦，把天賦變為優勢。」

既然馬斯洛認為成功並非靠天賦，那麼成功主要靠的是什麼呢？他認為靠的是潛力和創造，只要潛力得到充分發揮，只要勤奮工作的創造，那麼就會成功。

馬斯洛認為「人類只有一個終極價值，這就是使人的潛能現實化，使這個成為他所能夠成為的一切。」

成功是一個追求的過程，可以說既有明確的目標，也可以說沒有明確的目標，成功的最高境界只是一種狀態的體驗，即達到人生健康，達到心靈優美和達到競技狀態等，這個成功既是清晰的，也是模糊的，這就決定了真正的成功追求是永無止境的，因而成功也是龐大的，具有很高價值的。

成功是一種體驗，追求是一種過程，我追求，我成功，我感覺，我享受，這就是馬斯洛成功追求的真正意義所在。

將成功的理念建立在不斷追求的過程中，這就避免了失敗之說，也避免了失敗而帶來的痛苦與消極，使成功成為了一種永遠追求的狀態，只要是追求，也就是成功，也就能夠感受到成功，隨時都是成功，因而隨時都能夠享受到成功的喜悅，因而追求就更加具有能動性和積極性，在這種精神狀態的推動下，成功當然就更具有可能性！

如今是一個充滿競爭的時代，人人都在追求成功，都希望實現人生的價值，這是時代的要求，也是時代賦予我們的神聖使命和權利。那麼，

我們從馬斯洛的成功追求的自我實現理論中可以獲得實現人生價值的新途徑。

從馬斯洛成功追求的自我實現理論中我們可以看出，我們每一個人充分發揮自己的潛力，創造性的勤奮工作，即進入自我實現的狀態，使我們的潛力和創造力發揮達到最佳狀態，調動自身的一切積極因素，就能使我們向成功追求的自我實現方向不斷發展。

馬斯洛成功追求自我實現理論大多以筆記、談話、演講的方式闡述的，整個思想顯得比較分散，時間跨度較大，缺少集中歸納總結，而且引用了很多比較隱澀的人物和內容，致使我們一般讀者難以全面掌握馬斯洛的深刻思想，這不能不說是一大遺憾。

為了全面系統的介紹馬斯洛的成功追求體驗，本人在馬斯洛著作《人性能達到的境界》的基礎上，根據一般閱讀習慣，結合現代成功勵志思想，進行條分縷析和歸納總結，採取通俗表達的方式，既突出了馬斯洛的自我實現思想的成功體驗理論，又便於讀者閱讀掌握和運用。當然，馬斯洛的整個思想非常博大精深，本書在此也是拋磚引玉，如有不正之處，還敬請讀者批評指正。

相信本書能給予讀者啟迪，並能很好的指導自己進行成功的追求，能夠充分的發揮潛力，能夠創造性的勤奮工作工作，真正享受到成功盛餐的美味。

前言 ●

第一章
關於選擇人生

選擇自身優勢

　　從始至終，人本主義者總是企圖建立一個自然主義的、心理的價值體系，試圖從人的本性中派生出價值體系，而不必求助於人自身之外的權威。在歷史上有過許多這樣的理論家，然而從實際效果的普遍性來看，他們通通失敗了。

　　這些不適合作為理論的大多數理論，依據的全都是某一些或另一些心理學假設。事實上，所有這些理論，實際上都能被證明是虛偽的、不適當的，是不完全的或者說是缺少某個方面。

　　但是，我認為，心理學在科學和技術上的某種發展，使我們有可能第一次覺得有了信心，只要我們充分艱苦的工作，建立從人的本性中派生出的價值體系是可以實現的。

　　儘管有些問題還不是很完善，但我們了解怎樣批判那些舊的理論，我們知道準備建立的理論的形態；而且多半我們也知道，為了填補知識上的缺陷，應該走向何方以及做些什麼事情。

　　只有這樣，才能使我們回答這些古老的問題：「什麼是有道德的生活？有道德的人是什麼樣的？怎樣才能把人教育成期望和喜歡過道德的生活的人？怎樣才能把兒童培養成道德高尚的成人？等等。」

　　也可以這麼說，我們認為科學的倫理是能夠建立的，而且我認為我們知道如何著手建立它。

　　大量的研究實驗顯示，如果呈現給動物可供自由選擇的對象足夠多，那就可以看出，各種動物普遍具備選擇有益食物的天生能力。研究證明，在不正常的條件下，軀體的這種智慧一般也能保留下來。

例如，切除了腎上腺的動物，能夠透過重新調整牠們自我選擇的食物，來保持牠們自己的活力；懷孕的母獸為了適應胎兒成長的需求，會很好的調整牠們的食物。

現在我們知道，這種胃口絕不是完善的智慧，而且僅憑這些胃口是不能勝任的。例如，想一想機體對維生素的需求就能說明這一點。在碰上毒物時，低等動物比高等動物和人能更有效的保護牠們自己。

以前形成的選擇習慣，完全可以對當前新陳代謝的需求投上陰影。而且，在大多數人身上，特別是在精神病患者身上，各式各樣的力量都能毒害這種軀體的智慧，儘管這種智慧永遠不會完全喪失。

這個一般的原理與著名的體內平衡實驗完全吻合，它不僅對於食物的選擇是對的，而且對於各種其他身體需求來說也是對的。

這一點看來已相當明顯，一切有機體，是更加能夠自我管理的、更加能夠自我調節的和更加自動的。有機體應當受到強大的信賴，而且我們也正在學會堅定的信賴嬰幼兒的內部智慧。例如關於選擇食物、斷奶的時間、睡眠的總量、訓練控制便溺的時間、活動的需求以及其他的事情上，都更加信賴嬰幼兒自己。

可是，我們也了解到，特別是從身體上和精神上有病的人那裡發現，選擇者有好壞之分。我們已經了解到，尤其是從心理分析學者那裡認識到這種行為的許多隱蔽的原因，而且這些原因已受到應有的尊重。

在這方面我們具有令人吃驚的實驗，而且這個實驗充滿了價值論的意義。小雞在自由選擇食物的時候，牠們選擇對自身有益食物的能力是完全有差異的。好的選擇者變得更加強壯、更高大、更占優勢了，這也意味著牠們得到了最好的東西。如果迫使差的選擇者吃好的選擇者選擇的食物，

那麼就會發現，差的選擇者變得比過去強壯、高大、健康、有優勢了，不過牠們永遠也不可能達到好的選擇者的水準。

如果類似的實驗在人身上也能做出，那麼，我們大量重建各種理論就很有必要了。就人的價值理論來說，徑直的依據統計，描述沒經過挑選的人的選擇，這不會是適當的。把好的選擇者和壞的選擇者的選擇，把健康人的和病態人的選擇，進行平均計算也是無益的。

從長遠角度考慮，只有健康人的選擇、感受和判斷能夠告訴我們什麼東西從長遠來說對人類是好的。精神病患者的選擇，最多能告訴我們，什麼東西對於保持精神病的穩定是好的。腦損傷者的選擇，也只能對於防止災難性崩潰產生作用，而切除腎上腺動物的選擇雖然可以使自身免於一死，但這種選擇對於一隻健康的動物卻有致命的危險。

在我看來，這是使大多數享樂主義者的價值觀和倫理觀沉沒的暗礁。由病理激發的愉快與由健康激發的愉快是不能平均的。

此外，任何倫理的準則都必須考慮體質差異的事實，無論是小雞和白鼠，還是人類，道理都一樣。正如已經證實的那樣，一些價值對所有健康的人都是共同的；而另一些價值對所有人則不是共同的，而只是對某些類型的人或特殊的個體才有用。

不過，特異的需求則產生特異的價值。我稱之為基本需求的東西，可能對於所有人都是共同的，因而是人類共同具有的價值。

個體的本質差異產生價值觀，也就是說，個體本質的差異導致關於自我文化和世界各方面的偏愛。這些研究支持了診療家在個體差異上的普遍經驗，同時也得到了這種經驗的支持。這也是人種學資料的實際情況。這些資料說明，由於剝削、壓制、贊同或非難等等因素的存在，每一種文化

都只選擇了人類體質潛能系列的很小一部分，從而弄清楚了文化差異的意義。這和生物學的資料和理論以及和自我實現的理論是完全一致的。它們證實，器官系統堅持表現自身。簡而言之，堅持活動、肌肉發達的人喜歡運用他們的肌肉。

的確，為了自我實現必須使用它們，這樣才能達到主觀感覺上和諧的、沒有壓抑的和滿意的活動。這是心理健康者非常重要的方面。有智力的人必須運用他們的智力，有眼睛的人必須運用他們的眼睛，有愛的能力的人應當有愛的衝動和要求，這樣才能感到是健康的。智慧吵吵嚷嚷的要求使用它們，只有當它們被充分利用了的時候，它們的吵嚷才會停止。概括來說，智慧就是需求，因而也是固有的價值，而且兩者的關係已密切到這種程度，假如智慧相異，價值也會因而有所不同。

尋找終極價值的階梯

作為內在結構的要素，人不僅具有生理需求，而且也具有心理需求。但這些需求必須由環境給予最適宜的滿足，才能防止疾病和主觀上的不幸。因此，可以認為它們是一種缺失。

它們可以稱之為基本的需求、生物性的需求，可以把它們比做像對鹽、鈣、維生素 D 的需求一樣的需求。

因為，被剝奪生活必需品的人，持續的渴望它們的滿足；剝奪它們造成人的疾病和枯萎；在「缺失疾病」期間，它們的滿足能起治療作用；穩定的供應可防止這些疾病；健康的（滿足了的）人不再表現這些缺失。

但是，這些需求是以一種層次和發展的方式、以一種強度和先後次序

彼此關聯起來的。例如，安全需求是比愛的需求更占優勢、更強烈、更迫切、更生死攸關的需求，而且食物的需求通常比任何的需求都強烈。

此外，所有這些基本需求都可以認為是通向一般自我實現道路上的階梯，所有基本需求都可以納入這個階梯之中。

我們如果把這些資料系統的排列起來，那麼，我們就能解決哲學家為之奮鬥了若干世紀但仍無作用的許多價值的問題。例如，只有一個人類的終極價值，一個所有人都追求的遙遠目標。這個目標就是被不同的著作者分別稱之為自我實現、自我現實化、整合、心理健康、個別化、自主性、創造力、生產力的東西。但是，所有這些著作者都一致認為，這個目標就是使人的潛能現實化。

也就是說，使這個人成為有完美人性的，成為這個人能夠成為的狀態。但實際上又是怎樣一種情形呢？有時這個人自己並不了解這一點。

就某個人本身來說，所有他所知道的只是：他是極度渴望愛的，而且他認為，如果他獲得了愛，他就會永遠快樂和滿足。他並不清楚，在這個滿足到來之後，他還有追求的目標；他也不清楚，一個基本需求的滿足，就會出現另一「更高階」需求占統治地位的意識。

這個與生活本身同義的、絕對的、最終的價值就是在特定時期內支配他的一種需求，而且也是需求階梯上的其中一種。因此，這些基本需求或基本價值既可以看作目的，又可以看作是達到一個終極目的的方法。

的確，有一個單獨的、終極的價值，或者說人生的目的。然而，我們也有一個有層次的、發展著的、綜合的相互連結起來的價值體系，這也是確實的客觀情況。

這個需求層次的概念，也對於解決存在和形成之間明顯的對立矛盾是

很有用的。確實，人在永恆的追求著終極的人的狀態，但無論如何，這種狀態本身可能是一種不同的形狀和成長。我們彷彿要永遠力求達到終極人的狀態，但這卻是一種永遠不可能達到的狀態。但有幸的是，我們現在已經知道這並不是真理性的，或者說至少這並不是唯一的真理，還有與它結合在一起的另一個真理。

由於良好的形成過程，我們一次又一次的受到了絕對存在的暫時狀態即高峰經驗的獎賞。基本需求得到滿足，我們經歷了許多高峰經驗，而每一次高峰經驗本身就是絕對的樂事和完美，足以證實人生不需要比它們自身更多的東西了。

這可以說是對這種思想 —— 認為天堂存在於人生道路終點之外的某個地方的反駁。可以這樣說，天堂似乎就在我們日常奮鬥生活的前面等候著我們，時刻準備讓我們跨進並享受它。一旦我們跨進天堂，我們就能永遠記得它，並且用這種記憶作為我們的能源，在我們自身遭受壓力的時候支撐我們戰勝困難。

還不僅限於此點。從絕對的意義上講，一時一刻的成長本身也意味著有內在獎賞和內在樂趣。如果說它們不是高山式的高峰經驗，至少它們也是丘陵式的體驗，是自我證實的樂趣，是存在的微小瞬間。存在和形成之間並不彼此牴觸和相互排斥。

脫離「低階」欲望

我們是被迫發展健康成長的概念以及自我實現傾向的概念的，因為在某種程度上而言，這個概念是演繹性的，也就是說，如果我們不假設這樣

的概念，人的許多行為就會喪失意義。在科學的原理上，這和我們發現必然有一個早已存在但迄今沒有見過的行星是一樣的，因為只有它的存在才能解釋其他許多觀察資料的意義。

在這裡，我們可以肯定的斷言，還有一些直接臨床的和人格的證據，以及日益增多的測驗資料支持這個信念。至少可以舉出一種合情合理的、推理的、經驗的實例，證明在人的內部存在著一種向一定方向成長的趨勢或需求，這個方向普遍可以概括為自我實現或心理的健康成長。

或者可以具體的概述為，向自我實現的各個方面和一切次方面成長。也就是說，他有一種內部的壓力，指向人格的統一和自發的表現、完全的個別化和同一性，指向探索真理的、成為有創造力的、成長美好的人等等。

人是如此構造的，他堅持向著越來越完美的存在前進，而這也意味著，他堅持向著大多數人願意叫做美好的價值前進，向著安詳、仁慈、英勇、正直、熱愛、無私、善行前進。

但問題的棘手之處在於，提出要求什麼和不要求什麼的界限。就我自己進行的研究來說，它們大多是在被認為已經獲得「成功的」成人身上進行的。我只有很少關於不成功的、落後的人的資料。

從奧林匹克運動會獲獎者那裡做出的推論是完全可以承認的，從原則上說，完全能推論出人究竟能跑多快、跳多高、舉多重。我們也可以推論出任何新生兒的能力。但是，這些實際的可能性，並沒有告訴我們關於統計資料、機率、可能性的任何東西。

此外，我們也注意到，向著完美人性和健康成長的傾向並不是人身上唯一的傾向。正如我們在同樣的人身上，也可以發現死的願望、畏懼、防

禦和退化的傾向等等。

　　儘管這些人在數量上很少，然而我們從直接研究這些高度發展的、最成熟的、心理最健康的個體中，能夠學到關於價值的大量知識，我們也可以透過研究普通人的高峰經驗，學到關於價值的知識，這時他們暫時的自我實現了。這是因為他們是最完美的人。例如，他們是保留和發展了人類智慧的人，特別是保留和發展了規定人的並把人與猿猴分開的那些智慧。這符合哈特曼（Hartmann）關於同樣問題所持的價值論觀點，他把好人看作是具備更多的規定「人」的概念特性的人。

　　從發展的觀點來看，這些個體是發展更完善的人，他們沒有固著在不成熟、不完善的成長水準上。我的這種做法，並不比分類學家選擇蝴蝶的類型樣本，或醫生選擇身體最健康的年輕人，更多的乞求於神祕、先驗或機會。他們也跟我一樣，尋找「完善、成熟、健美的樣品」作為標本。從原則上講，一種程序、一種傳統的做法是可以重複的。

　　完善人性，不僅可以根據已經確定的「人」的概念下定義，也可以根據人類常模下定義，而且它也可以有一個描述性的、分類的、能夠測量的、心理學的定義。

　　現在，從幾個開端性的研究和不計其數的診療經驗中，我們已經具有了關於充分發展、成長良好的人的特點的某種概念。這些特點不僅是可以進行客觀描述的，而且它們在主觀上也是獎賞性的、令人愉快的和起強化作用的。

　　在健康人的樣本上，客觀上可以描述並測量的特點有：更清晰、更有效的感知現實；更能接受經驗；增進了人的整合、完整和統一；增長了自發性、表現性，充分運行，生氣勃勃；真正的自我，牢固的同一性，自

主，獨特性；增長了客觀性，超然，超越自我；創造性的重新獲得；融合具體和抽象的能力；民主的性格結構；愛的能力，等等。

　　所有這些特性都需要經過研究進一步證實和闡明。但是，這種研究是可行的，這一點則是毋庸置疑的。

　　此外，對自我實現和良好成長也有主觀上的肯定和強化。這就是生活中的興趣感、幸福和欣快感、安詳感、快樂感、鎮靜感、責任感、對自己處理突發問題的能力的信任感等。背棄自我、固著、倒退，依靠畏懼而不是依靠成長過生活等的主觀象徵，就是焦慮、絕望、厭煩、不能享受、固有內疚、內在羞愧、無目的、無聊、缺乏同一性等這樣的感覺。

　　這些主觀上的反應也是可以進行研究和闡明的，而且我們具有適於研究這些問題的診斷技術。

　　在那些能夠從各式各樣的可能性中進行真正選擇的情境中，自我實現的人的自由選擇，恰恰是我斷言能夠作為自然的價值體系進行描述性研究的東西。這和觀察者的希望絕對沒有關係，也就是說，它是「科學的」。我不是說「他應該選擇這個或者那個」，而只是說「被允許自由選擇的健康人選擇了這個或者那個」。這就好像是問：「最好的人的價值觀是什麼？」，而不是問：「他們的價值觀應該是什麼？」或者，「他們應該成為什麼樣的人？」很顯然，這種看法與亞里斯多德 （Aristotle）的信念 —— 正是對好人來說有價值的和適意的那些東西，才是真正寶貴的和令人愉快的東西。

　　而且，我覺得，這些發現可以推廣到大多數人身上去，因為在我以及其他人看來，大多數人都傾向於自我實現。這一點在治療、特別是在揭露性的治療經驗中看得特別明顯，而且，至少從原則上說，大多數人都是有能力自我實現的。

在這裡也可以看到這種斷言的證實，即所有人都傾向於自我實現，除非現存的各式各樣的宗教都不能被理解為人類渴望的表現。因為我們描述的自我實現者的特性，在許多方面與宗教強烈主張的理想是類似的。

例如，超越自我，真、善、美的融合，助人、智慧，正直和自然，超越自私和個人的動機，脫離「低階」欲望而趨向「高階」願望，增進友誼和慈愛，善於區別目的（寧靜、安詳、平和）和手法（金錢、權力、地位），減少敵意、殘忍和破壞（儘管果斷、正當義憤、自我肯定等很可能因之而上升）。

從所有自由選擇實驗中，從動力動機理論的發展中，從心理治療的調查中，得出一個具有革命性的結論 —— 我們最深蘊的需求本身不是危險的、邪惡的或不好的。如此一來，就打開了解決人的內部這些分裂的前景，也就是說，有了解決光明的和黑暗的、傳統的和浪漫的、科學的和詩意之間的東西，以及理性和衝動、工作和娛樂、言語和前言語、成熟和幼稚、男性和女性、成長和倒退之間的分裂的前景。

跟我們人性哲學上這種變化並行的主要社會情況，是一種迅速增長的傾向：把文化看作是滿足、阻撓或控制需求的工具。現在，我們可以拋棄這樣一些幾乎是普遍性的錯誤了，也就是認為個人的和社會的興趣是相互排斥和對立的，或者認為文明是控制、警戒人的本能衝動的主要機制。所有這些陳腐的原理都被這種新的可能性消除了，即健康的文化將促進普遍的自我實現的肅清。

在體驗時的主觀快樂以及趨向這種體驗的衝動，或希望和對這種體驗「基本需求」之間密切的相關關係（這種體驗對於他從長遠來說是好的）並不是人人都有的，只有在健康人身上才會發現，只有這種人才既嚮往對自

己有益的東西，又嚮往對其他人有益的東西，而且能全心全意的享受它，並且感到滿意。

從享受的角度看，這樣的人的德行本身就是他自己的報償，他們自發的傾向做公正的事，因為這些事是他們願意做的、他們需要做的、他們贊成的，以及做這些事是他們的享受，並且願意繼續享受下去。

人得了心理疾病，正是由於這個統一體或整個相關的網絡，就瓦解成分離和衝突的了。這時，他願意做的事，可能是對他自身不好的事；彷彿他做的這件事，他能不享有它；彷彿他享受它，而同時又可以不贊成它。

於是，享受本身可能是有毒的，或可能迅速消失的。他開始享受的東西，可能後來就不再享受它。他的衝動、欲望以及享受，這時就變得對生活幾乎沒有指導意義了。隨後，他必定要懷疑和擔心衝動和享受會把他引入歧途。這樣，他就陷入了衝突、分裂、猶豫不決的狀況。簡而言之，他就陷入了內部衝突狀態。

從哲學理論的歷史上來分析，許多二難推理和矛盾都被這個發現解決了。享樂主義的理論，對健康人起作用，但對病人卻沒有起作用。真、善、美扮演某種相關的角色，不過，只有在健康人身上，它們的關聯才是強固的。

只有在為數很少的人那裡，自我實現才是相對完成的「事態」。但在大多數人那裡，自我實現只是希望、嚮往和追求。然而，還沒有達到的「某物」，在診斷上顯示為指向健康、整合、成長的驅力。投射測驗也能探測到作為潛能的這種傾向，但不是作為外顯行為，正如 X 光能夠探測到有外部表現之前的早期病變的情形一樣。

對於我們來說，這就意味著某人是什麼和他能成為什麼，對心理學家

也是同時存在的。因而，就解決了存在和形成之間的二難推理。潛能不僅僅是「將要是」或者「可能是」；而且它們現在就存在著。儘管自我實現的價值還沒有現實化，但它們作為目標卻是真實存在的。人既具有他正在是的那種人的特質，同時又潛伏著他嚮往成為的那樣的人的特質。

人性本能與進攻行為

在自我實現、自我、真正人性等方面進行研究工作的思想家團體，相當牢固的制定了他們令人信服的理論：人有使他們自我實現。根據人內部傾向，人竭力要完成他自己真正的本性，忠於自己的職守，成為真正的、自發的、真正表現的人，在他自己深刻的內涵中，尋求他活動的根源。

當然，這只是一種理想式的建議。我們應當充分的警覺到這一點，大多數成人並不知道怎樣成為真正的人。如果他們「表現」他們自己，那麼他們就可能不僅給自己，而且也可能給別人帶來大災大難。也可這樣說，對強姦犯和肆虐犯的這種問題：「我為什麼就不該信任和表現我自己呢？」我們應該如何回答呢？

作為一個思想團體，這些著作者疏忽了幾個方面。他們包含了這些沒有搞清楚的東西 —— 如果你能夠真正的行動，那麼你就行動得很好；如果你從內部發射出活動，那麼這些行為是好的和正確的。顯然包含的意思是：這個內部的核心，這個真正的自我是好的、可信賴的、合乎道德的。這個論斷與人有實現他自己的傾向，那個論斷是可以分開的，而且是需要分別證明的（我認為是這樣）。

此外，這些人很明確的迴避對這個內部核心進行決定性的闡述，即它

在某種程度上必定是遺傳而來的。也可以說，他們在談到這個內部核心時，並不像談任何其他東西時那樣詳細。

因此，我們必須抓住「本能」論，或者像我寧願採用的概念——基本需求論。我們要抓住原始的、固有的、在一定程度上由遺傳決定的需求、衝動、渴望的研究，也可以說是人的價值的研究。我們不能既玩弄生物學的策略，又玩弄社會學的策略；我們不能既斷言文化創造了每一樣東西，又斷言人具有遺傳的天性。這兩種對立的說法不能共存。

在本能領域中的所有問題裡，關於攻擊、敵視、憎恨、破壞性的問題，是我們應該知道得最多但實際上知道得卻很少的一個問題。佛洛伊德主義者認為是本能性的；大多數其他動力心理學家則斷言，這些並不是直接本能性的，任何時候這些都是由於類似本能的或基本的需求受到挫折而引起的反應。這些資料另一個較好的而且是可能的解釋，它強調這是由於心理健康的增進或惡化而引起的憤怒的質變。

在比較健康的人身上，憤怒是對當前情境的反應，而不是產生於過去的性格累積。也就是說，它是對現實中當前某種事物的反應，例如，它是對不公正、剝削或侵犯的現實主義的效應性反應，而不是由於很久以前某人犯的錯誤而現在把仇恨錯誤的和無效的發洩到清白的旁觀者身上。

憤怒並沒有隨著心理健康的到達而消失，而是採取了果斷的、自我肯定的、自我保護的、正當義憤的、與邪惡做爭鬥的等等形式。這種健康人很容易成為比普通人更有戰鬥力的、為正義而戰的戰士。

總之，健康的進攻行為採取人格力量和自我肯定的形式。不健康的人、不幸的人或被剝削者的進攻行為，有可能帶有惡意、暴虐、盲目破壞、跋扈和殘忍的味道。

自律與尋求滿足

探究自律的原因是擺在內在道德論者面前的另一個問題。通常，自律只有在自我實現的、真正的、名副其實的人身上發現，而在平常人身上並沒有發現自律。

在具有完美人性的人身上，我們發現責任和愉快是一回事。同樣，工作和娛樂、自私和利他、個人主義和忘我無私，也是一回事。我們只知道他們是這種情況，但我們不知道他們是怎樣變成這個樣子的。我有一種強烈的直覺，即這些健康的人，只是實現了許多人都能夠實現的東西。

然而，我們也面臨這種嚴酷的事實：達到這個目標的人是如此之少，在 100 或 200 人中可能只有一個人達到。從原則上看，任何人都可能成為美好的和健康的人，因此每一個人類都是懷有希望的。但是，我們也必然覺得悲哀，因為實際上成為好人的人為數甚少。如果我們打算找出某些人成為好人、另一些人沒有成為好人的原因，那麼，研究自我實現者的生活史，查明他們是怎麼達到這種狀況的，就成了我們十分注意的研究課題。

我們已經知道健康成長最主要的先決條件，以及最基本需求的滿足病。不過，我們也意識到，無節制的縱欲和滿足也有它自己的危險後果。例如，精神變態的性格，「口唇性格」，無責任感，不能承擔壓力，不成熟性，某種性格紊亂等等。

雖然研究的發現很少，但是已有大量適用的診療和教育的經驗使我們能夠做出合情合理的猜測：年幼兒童不僅需要滿足，他們也需要學會限制他的滿足，他應當認識到其他人也在尋求滿足，即使是他的父母親也在尋求滿足；就是說他應該意識到，其他人不僅僅是他達到自己目的的方法。

這就意味著，需要控制、延遲、限制、放棄自己的要求，以及忍受挫折和自律。只有對自律負責的人，我們才可以讓他按照自己的意願做，因為這樣很可能是完全正確的。

整合事實與價值

另一類事實和價值的整合來自我們稱之為接受的態度。在這裡，與其說融合來自現實的改善、是的改善，不如說來自應該按比例的下降，來自對期望的重新確定，使期望更接近現實，因而更有可能達到。

我所說的這個意思能從治療過程得到闡明，這時我們對於自己過於完美的要求，我們對於自己的理想形象在頓悟中破裂。當我們容許自己也有某些怯懦、妒忌、敵意或自私的觀念時，那完美勇士、完美母親或完美邏輯家和理智者的自我意象就會崩塌。

這通常是一種令人沮喪甚至絕望的真切認識。我們會感到有罪、墮落、毫無價值。我覺得，我們的是「距離我們的應該」極端遙遠。

但是，我們在成功的治療中經歷接受的過程也是非常必要的。我們從憎惡自己向順從的態度轉移，但從順從中我們有時又進而會想：「那終究不是一件壞事。那的確完全合乎人性，完全可以理解，為什麼親愛的媽媽有時會恨她的寶寶？」甚至有時我們還會看到自己走得更遠，達到一種對人性充滿愛的接受，並且由於對失敗的充分理解，最終會認為人性是合意的、美麗的，是一種光榮。

例如，一位婦女起初對男子氣滿懷恐懼和憎恨，但最終會喜歡它，甚至會因它而生成宗教的敬畏感，直到狂喜的地步。起初被認為是一種惡的

東西，最終能變為一種光榮。這位婦女重新確定她對男性的看法，她的丈夫能在她眼前變成他應該成為的樣子。

如果我們放棄我們的苛責，放棄我們關於孩子應該如何的規定，放棄我們對孩子的要求，我們完全可以從孩子那裡體驗到這一點。我們能偶爾在怎樣的程度上這樣做，我們也就能在怎樣的程度上把他們瞬時視為完美的，那一瞬間確實能給予人極敏銳的感受為美麗的、非凡的、十分可愛的。我們關於意願和希望的主觀體驗，也就是不滿足的體驗，於是，它能與滿足、同意以及與應該出現時我們所感受的定局的主觀體驗相整合。

我引用阿蘭‧瓦茲（Alan Watts）的一段話來注釋我的意思：「……在死亡來臨時，許多人都有一種奇異的感受，不僅覺得能接受一生中已經發生的每一件事，而且覺得那也是他們所願望的。這不是在迫切需求意義上的願望，它是對不可避免和願望兩者同一的意外發現。」

說到這裡，我們又想到羅傑斯（Rogers）的各種小組實驗，它們都證明，在成功的治療過程中，自我理想和實際自我逐漸接近整合。用荷妮（Horney）的話說：「真實的自我和理想化的形象緩緩的被改變並移向整合，逐漸變成同一的東西而不是完全相反的東西。」

更正統的、佛洛伊德的關於粗暴的和進行懲罰的超我的概念也與此類似，超我在心理治療過程中能按比例降下來，變得更和善、更認可、更親愛、更自我贊同。

換另外一種方式來說明，就是個人對個人自我的理想和個人對個人自我的實際覺知逐漸靠攏，能容納自尊並因而也能容納自愛了。

在這裡最典型的例子是分裂人格類型和多重人格。在這樣的病例中，表現出來的人格總是過於因循的、謹小慎微的、假正經的，拒絕潛在的衝

動以致完全壓抑這些衝動，弄得他只能從自己的心理病理的、兒童般的、衝動的、尋求快感的、無控制的方面的全面突破得到滿足。二歧化會使兩種「人格」都受到歪曲，整合將引起兩種「人格」中的真實改變。從專斷的「應該」中解脫出來才有可能擁抱並享受現在的「是」。

有幾位罕見的心理醫師，利用揭露的手段作為對患者的一種貶抑術。他們撕掉患者的假面具，使其露出最初的真實面目。這是一種控制策略，一種勝人一籌的本事。它變成一種社交攀比的形式，一種使自己感到有力量、強大、占優勢、高超、甚至飄然欲仙的方法。對於某些自視不高的人，這是一種使他們能夠變得勇於與人親近的辦法。

從某種程度來講，這意味著被揭露的東西（畏懼、焦慮、衝突是低等的、不好的、罪惡的）。例如，佛洛伊德甚至直到他生命的最後，都不曾真正喜愛過無意識而仍然大都把它說成是危險的、罪惡的，必須受到控制。

幸運的是，我認識的多數醫師在這方面是完全不同的。一般來說，他們關於人的深層內涵知道得越多，他們也越喜愛它們，尊重它們。他們喜愛人性，不會依據某一先已存在的定義或柏拉圖（Plato）的本質作為衡量標準，不會因為人性達不到某一境界便譴責它。他們發現設想人是英勇的、純潔的、聰明的、有才華的、或傑出的是有可能的，甚至當這些人是患者，暴露了自己，暴露了他們的「弱點」和「罪惡」時也一樣。

用另一種方式說，假如一個人更深入的觀察人性而感到以前的幻想破滅，那就等於說一個人曾有過一些幻想或期望那些不能實現的或見不得陽光的東西，也就是說，那是虛假的和不真實的。例如在我的一項性研究中有這樣一位被試者，她喪失了對宗教的信仰，因為她根本無法尊敬這樣

的上帝——她竟會發明一種淫穢的、骯髒的和令人作嘔的製造嬰兒的方式。我又想起中世紀不同僧侶的記述，他們深為自己的動物本性（例如，排糞）和他們宗教追求的不相容所苦。我們的專業經驗使我們能對這種不必要的、自己製造的愚蠢置之一笑。

概括來說，骯髒的、罪惡的或野蠻的已被看成是基本的人性，因為它的某些特徵已被先驗的確定為如此。假如你把排尿或月經定為骯髒的，這也就意味著人體也是骯髒的。我曾認識一個人，他每次與妻子性交之後都被內疚和羞恥的痛苦所折磨。他是「語義上的」邪惡，專斷定義的邪惡。因此，以一種更接受現實的方式重新定義是一種縮小是和應該之間距離的方法。

最佳條件下的事實即價值。應該成為的已經實現。我已經指出過，這一整合能沿著兩個方向之一發生，一是改善實際狀況使它更接近思想；另一是讓理想按比例下降，讓理想能更接近實際存在的事物。

我現在再附加另外一個途徑——統一的意識，這是一種能在事實中同時發現它的特殊性和它的普遍性；既可把它視為此時此刻，同時又把它視為永恆的。或者可以這樣說，是能在特殊中並透過特殊看到普遍，能在暫時和瞬時並透過瞬時看到永恆。

用我自己的話說，這是存在領域和缺失領域的一種整合——當沉浸在缺失領域中時意識到存在領域，或當沉浸在存在領域中時意識到缺失領域。

這並不是什麼新東西，禪宗道家或神祕文獻的任何讀者都能理解我所談論的問題。每一位神祕論者都曾力圖描繪具體物的這種生動性和特殊性，同時又描繪它的永恆、神聖、象徵的性質（類似一種柏拉圖式的本

質）。而現在，除此以外，我們又有了許多實驗家（例如，赫胥黎）的這一類描繪，描繪用幻覺藥劑進行實驗的效果。

這種認識的普通一例就是我們對兒童的認識。在原理上，任何兒童都可能變成任何東西。他有龐大的潛能，因此，在一定意義上，他是任何東西。假如我們有任何敏感性，我們觀察他們時如果能意識到這些潛能並肅然起敬，這一特殊的嬰兒可能被認為有可能是未來的總統、未來的天才、未來的科學家或英雄。實際上，他此刻確實在現實的意義上也具有這些潛能。他的事實性的一部分正是他表現的這些各式各樣的可能性。對於任意一個嬰兒來說，任何豐富而又充分的觀察都能看到這些潛能和這些可能性。

同樣的，對任何女人或男人任何充分的認識都包括他們的神祕性、牧師的可能性，在真實而有限的人類個體中熠熠閃耀出來的神祕物展現在你的眼前：他們維護什麼，他們能成為什麼，他們使我們想到什麼，我們能從他們那得到什麼詩情畫意。例如，一個敏感的人看到一位婦女餵寶寶吃奶或烘烤麵包，或看到一位男子漢保護他的家庭免遭危難時，怎麼可能總是無動於衷？

一位醫生若想成為一位優秀而合格的醫師，只有對他的患者有統一的認識。他必須能給予患者「無條件的積極關注」，把他看成是一個獨一無二的、莊嚴的人，同時又意識到患者有缺欠的，他是不完善的，他需要接受改善的治療。患者作為人類一員的這種尊嚴是需要注意的，無論患者所做出的事情多麼可憎，我們都有必要尊重任何一位患者。這是廢除死刑運動中所蘊含的那種哲學，包括禁止過度貶抑個人或禁止殘酷的和異常的懲罰。

我們要想具有統一的認識，就必須既認識人的聖潔莊嚴的一面，又認識他的世俗褻瀆的一面。看不到這些普遍的、永恆的、無限的、基本的象徵的性質肯定是一種下降，降到具體的、物的水準，這因而是一種局部的盲目。

　　統一認知是一種同時看到「是」和「應該」的方法 —— 既看到直接的、具體的真實性，又看到可能成為的、能夠成為的東西，看到目標價值，它不僅可能實現而且現時就存在我們的眼前。這也是一種我曾能夠教給某些人的方法。

　　因此，在原理上，它使我們看到，有意的、自願的整合事實與價值的可能性就在我們面前。讀榮格、伊利亞德（Eliade）、坎貝爾（Campbell）或赫胥黎（Huxley）的書，而又使我們的意識不受到恆久的影響、不使事實和價值靠攏在一起，這做起來非常困難。我們無須等待高峰經驗帶來整合！

從韋特墨到蘇格拉底

　　我從韋特墨（Wertheimer）引一段話作為研究事實的向量性質問題的開始：

　　「什麼是結構？七加七等於多少，這種情境是一個帶有空隙、缺口（空位）的系統。可能以任何方式填滿缺口。一種填法 —— 十四，就它在整體中的作用看，是和情境相符的，適合缺口的，在此處是這一系統中在結構上所需要的。它適當的處理了這一情境。另外的填法，如十五，就不適合。它不是正確的填法，它是任意確定的，是盲目的，或破壞了這一缺

口在這一結構中所具有的作用。

「這裡，我們有『系統』概念，『缺口』概念，不同『填空』、情境需要的概念；有『需求性』。」

「如果一條數學曲線有一個缺口（某一部分缺少點什麼），情況也類似。要填滿缺口，從曲線的結構看，往往有一些限定條件，某一填補對於結構是適合的、明智的，正確的；其他的則不符合需求。這和內在必要性的老概念是有關聯的。不僅邏輯運算、結論等等，而且發生的事情、主體的作為、存在的狀況，也能在這樣的意義上成為合理的或愚蠢的、合邏輯的或不合邏輯的。

「我們可以制定一個公式：給定一情境，或一個帶有一個空位的系統，某一填空是否正確，往往取決於這個系統或情境的結構。這裡存在著一些需求，在結構上決定的需求，存在著純理論的明確判別可能性，能分辨哪一種填空適合情境，哪一種不適當，哪一種違背了情境的需求……這裡坐著一個飢餓的兒童，那邊有一個男人在蓋一間房子，缺少一塊磚。我一隻手拿著一塊麵包，一隻手拿著一塊磚。我把磚遞給飢餓的兒童，把香氣四溢的麵包遞給了那個男人。這裡我們有兩種情境，兩個系統。對於填空作用來說，我的分配是盲目的。」

接著，韋特墨在注腳中附加說：

「在這裡，我不能討論這樣的問題 —— 如闡明「需求」概念等等。我只能說，通常對『是』和『應該』的簡單分割必須改正。這樣一種秩序的『決定』和『需求』是客觀的性質。」

格式塔心理學文獻的大多數作者也有類似的論述。事實上，格式塔心理學的全部文獻都證明，事實是動態的，而不只是靜態的；它們不是

無向量的（僅有數量），而是有向量的（既有數量又有方向）。在戈德斯坦（Goldstein）、海德（Heider）、勒溫（Lewin）的著述中甚至能找到更有力的例證。

事實在做著各式各樣的事情，它並不只是僅僅躺在那裡。它們自行分類；它們完成自身，一個未完成的系列「要求」一個美好的完成。牆上捲曲的畫需要弄得平展；未完成的課題總是不斷打擾我們直到我們完成為止。糟糕的格式塔會使自己成為較完美的格式塔，不必要的複雜印象或記憶會使自己簡單化。音樂的和諧要求正確的和弦才能達到完美；不完善的趨向完善。一個未解決的問題堅持不懈的指向它的恰當解決。我們總是這樣說「情境的邏輯要求……」。

事實是有權威的、有要求的品格，它們需要我們；它們可以說「否」或「是」，它們引導我們，向我們提出建議，說明下一步該做什麼並引導我們沿著某一方向而不是另一方向前進。建築家談論地基的需求；畫家會說那塊油畫布「要求」多用些黃顏色；一位服裝設計師會說，她設計的服裝需要一種特別的帽子配成套；啤酒和漢堡配套比和羅克福起司配套更好；或像某些人說的，啤酒「喜歡」一種乳酪勝過另一種。

戈德斯坦的著作特別證明生物機體的「應該」。一個受損傷的機體不滿足於它的現狀，不安於受損，它努力著、敦促著、推進著；它為了重新使自己成為一個完整的統一體它不斷和自身作戰、爭鬥。喪失了某一能力的統一體力爭變成一個新型的統一體，使已喪失的能力不再危害它的統一。它管理自己，製造自己，再造自己，它肯定是主動的而不是被動的。

換句話說，格式塔和機體論心理學家不僅有「是」的洞察，而且有「向量」的洞察（應該的洞察？），而不是像行為主義那樣的「應該盲」，

認為生物機體僅僅是被「做成」那樣，而不是自己也在「做著」，也在「要求著」。如此一來，佛洛姆（Fromm）、荷妮、阿德勒（Adler）也可以說有「是」和「應該」的洞察。有時我認為所謂的新佛洛伊德派主義是批判和繼承了佛洛伊德（他缺乏充分的整體觀）和戈德斯坦和格式塔心理學家的學說，而不僅僅是背離佛洛伊德的異端。

　　我始終這樣認為，事實上許多這一類動力特徵、這一類向量的性質，恰恰落入了「價值」一詞的語義範圍。至少，它們在事實和價值之間的二歧鴻溝上架起了橋梁，這種二歧之分已被大多數科學家和哲學家循慣例而不加思索的認為是科學自身的一個規定性特徵。許多人認為科學在道德上和倫理上是中性的，關於目的或應該沒有任何需要注意的。就這樣，他們給一個不可避免的後果敞開了大門，那就是說，假如目的必須來自某處，又假如目的不能來自知識，那麼，它們便只能來自知識以外的什麼地方。

　　「事實性」創造了「應該性」。這一點透過一些易懂的階段引導到一個範圍更廣的概括。事實的「事實程度」、它們的「事實的」性質的增強同時也引導到這些事實的「應該的」性質的增強。事實程度產生應該程度，我們可以這樣說。

　　應該由事實創造。某物被了解或認識得越清楚，某物也變得越真實越不會被誤解，它也會獲得越多的應該性質。某物變得越「是」，它也變得越「應該」──它獲得更高的需求度，它更自發的「要求」特殊的行動。某物被理解得越清楚，也變得越「應該」，它也變成行動的更佳嚮導。

　　從實質角度來看，當任何事物十分明確、十分肯定、十分真實、毫無疑義時，它就會在自身內部提出它自己的需求、它自己的需求品格，它自己的適合性。它「要求」某些行動的嚮導，那麼，引向最堅決的行動的最

容易理解和最好的嚮導就是非常確實的事實；事實越真確，它們也就越是行動的好嚮導。

為了更好的說明這一點，我們可以利用一個不能確定的診斷例子。大多數年輕精神病醫師在診斷中總是猶豫不決和搖擺不定，對患者寬容、敏感和下不了決心，他們完全不能肯定那是怎麼回事。當他參照許多其他診療意見和一連串相互印證的測試，又假如這完全符合他自己的觀察並做過反覆核實時，他會變得十分肯定，例如，確診患者是精神變態；於是，他的行為以一種非常重要的方式向肯定改變，向堅決和有把握改變，變得確切知道該做些什麼以及什麼時候和如何去做。這種確定感武裝了他，使他勇於反對患者親屬的不同意見和對立看法，反對任何其他有不同想法的人。僅僅由於他沒有懷疑，所以他能排除對立徑直行事。以另一種方式說，他理解了問題的真相。在這一認知的作用下，他能夠不顧他可能加之於患者的痛苦，不顧患者的眼淚、抗議或敵意，毫不猶豫的破浪前進。只要你相信自己，你便不再惜力。診斷的確定意味著治療的確定，肯定的知識意味著肯定的倫理決斷。

在我自己的經驗中，我也有一個例子能說明道德的堅定是怎樣來自事實的確定的。在讀大學期間，我曾研究過催眠術。大學有一項規定禁止催眠，理由很簡單，也許認為它不能成立。但我確信它能成立（因為那時我正在做這件事），並相信它是通向知識的一條康莊大道、一種必需的研究途徑。我的無所顧忌使我自己也感到吃驚，我甚至不惜說謊或偷偷摸摸的進行。我不過是做必須做的事，因為我敢絕對肯定它是一件應該做的正當事。請注意「應該做的正當事」這一短語，它同時既是一個認知詞，又是一個倫理詞。

另一個例子：當父母猶豫不決時，孩子是軟弱的；當孩子自信時會變

得堅強、肯定而明確起來。假如你確切知道你的所做所為是什麼，你就不會瞎摸，即使你的孩子哭喊、有痛苦或抗議也一樣進行。假如你知道，你必須拔出一根刺或一個箭頭，或者假如你知道你必須動刀才能救孩子的命，你就能毫不手軟的去做。

知識給我們帶來明確決斷、行動和抉擇的能力，使我們知道該做什麼。這非常像一位外科醫生或牙科醫師所處的情境。外科醫生剖開了肚子找到發炎的闌尾，他知道最好把它割掉，因為如果讓它爛在肚子裡就會死人。這是一個例子，說明真理命令必須的行動，「是」命令「應該」。

所有這一切都和蘇格拉底（Socrates）的觀念有關聯，蘇格拉底曾認為，沒有人會自願的選擇虛假拋棄為可能。不僅如此，而且傑佛遜（Jefferson）的全部民主論都以這樣的信念為依據，即：充分的知識引導到正確的行動，沒有充分的知識也不可能有正確的行動。

如果一個人能仔細的、如道家那樣傾聽自己內部的呼聲，就能為自己被鑄造、被引導、被指引找到正確的東西。好的心理醫師以同樣的方法幫助求診患者 —— 讓他聽到籠罩全身的內部呼聲，他自己本性的微弱命令。要知道，按照史賓諾沙（Spinoza）的原理，真正的自由是由接受和必然、真實的本性所組成的。

同樣的，一個人也要靠傾聽他的本性和呼聲，靠對他的需求和暗示的敏感，要安靜下來讓他的呼聲能被聽到，要能承受，不干預，不要求，並由他自然發展才能發現如何正確對待世界。

我們在日常生活中隨時有這種情況。在用餐時，只要我們知道關節在哪裡，怎麼掌握刀和叉，即對相關事實有充分的了解。假如事實已被充分了解，它們就會引導我們、告訴我們該做什麼。但這裡還蘊含有這樣的意

思：事實是不會高聲說話的，理解事實是不容易的。要能聽到事實的聲音必須保持安靜，非常接受的諦聽，以道家的方式諦聽。那就是說，假如我們希望讓事實告訴我們它們的應該性，我們必須學會以一種非常特殊的方式洗耳恭聽，這種方式可以稱為道家的 —— 靜默的，不作聲，安寧的，充分的聽，不干預的，受納的，耐心的，尊重眼前的問題，謙恭對待眼前的問題。

健康成長從來沒有什麼人有了充分的知識還會去作惡，這是一種關於蘇格拉底學說的現代說法。雖然我們不能走得那麼遠，（因為我們現在當然知道還有除無知以外的惡行），但我們仍然可以同意蘇格拉底的看法，把對事實的無知看作惡行的主要原因。這等於說事實自身在其本性範圍內有一些暗示，告訴我們應該對它們做些什麼。

用鑰匙開一把難開的鎖是另一種類型的活動，最好也用道家的方式進行細心的摸索。我想我們都能理解這是一種非常有效的方法，有時是最好的方法，解決幾何學問題、治療問題、婚姻問題、職業選擇以及道德意識問題等等，是非問題也應如此。

這是接受事實的應該性質的必然結果。假如有這種性質存在，我們就必須認清它。我們知道這不是一件容易做到的事，我們應該研究那些能使我們達到最大可能「應該認識」的條件。

人性的複雜性

我們應該坦率的承認給人性下定義這種論題在理論上和邏輯上固有的困難，並且要掌握住這些困難。而且，這個定義的每一成分都需要再定

義。當我們用它們寫作時，我們就會發現，我們自己是在沿著一個圓圈的邊沿走。在這裡，我們暫時還不得不承認這種圓圈。

只有在與人性標準對照時，「好人」才能下確切定義。同樣，這個人性標準幾乎肯定是程度的問題，即某些人比另一些人是更有人性的，而且，「好人」、「好的樣品」是最有人性的。這個問題之所以必然如此，是因為人性具有如此眾多的規定性特徵，每一特徵都是絕對必要的，但某一特徵自身在確定人性時又是不充分的。而且，許多這種規定性特徵本身又是程度的問題，並不能完全的、嚴格的區分開動物和人。

在這裡，我們也發現哈特曼的公式是非常有益的。一個好人的好，要看他滿足或符合「人」的概念的程度如何。

從某種觀點上看，這確實是一種很簡單的解決方法，而且是我們一直不知不覺的在使用著的一種解決方法。第一次做母親的婦女問醫生：「我的孩子正常嗎？」醫生明白她的意思而不深究她的用詞。動物園管理人員去買老虎，他會尋找「好的」樣品 —— 真正有虎性的老虎，即具有所有明確規定的虎性並且發展充分的老虎。當我為實驗室購買宿條猴時，我也會要求猴性好的宿條猴，不要那些怪異的或異常的猴。如果我碰上一個沒有捲曲尾巴的猴，那麼牠就不是好的宿條猴，儘管牠的某些特性對於一隻老虎來說可能是極好的。對於好的蘋果樹、好的蝴蝶來說，也是同樣。

分類學家選出新種的「典型樣品」，把這個樣品存放在博物館中，成為整個種的範例。在規定這個種的一切性質上，這是整個種群中最佳樣品、是最成熟的、最沒有殘缺的、最典型的個體。在選擇「好的雷諾瓦（Renoir）」（西元 1841 年至 1919 年，法國畫家）或「最佳魯本斯（Rubens）」（西元 1577 年至西元 1640 年，法蘭德斯畫家）時，掌握的也是

同樣的原則。

在同樣的意義上，我們也可以發掘人類最好的樣品，這個人具備適合這個種的一切要素，他具有發展得很好並充分起作用的人的一切能力，而且沒有任何一種疾病，特別是沒有那種傷害主要規定性的、絕對必要特徵的顯著疾病的人。這些人可以被當作「最完美的人」。

從現在來看，這並不是十分困難的問題。在這裡，我們首先碰到的是仲裁的文化標準問題，這個文化標準可以壓倒和淹沒生物心理學的決定性因素。其次，我們要面對馴養問題，也就是說，要面對人工的和受保護的生物問題。在這裡，我們必須記住，人在某些方面也可以認為是被馴養的，特別是在我們特意保護的那些人身上更是如此，例如腦損傷的人、年幼的兒童等等。最後，我們需要區別牛奶場主人的價值和乳牛的價值。

就這個時代的狀況看，人的似本能傾向比文化的力量要弱得多，所以，要整理出人的心理生理學的價值，總是一個困難的任務。有困難也好，沒有困難也好，反正這個任務是可能的，而且這個任務是十分必要的，甚至是極重要的。

我們研究上的龐大問題，於是就成了「選擇健康的選擇者」。實際上，這一點已做得相當好了，像醫生現在能夠選出身體健康的有機體那樣。在這裡，極大的困難是理論上的，也就是健康的定義和概念化問題。

我們意識到，在真正自由選擇的情況下，成熟的和健康的人不僅重視真、善、美，而且也重視倒退的、生存的和體內平衡的價值：和平和寧靜，睡眠和休息，順從，依附和安全，防範現實和引退脫身，甚至希望死等等。我們可以把這些價值叫做成長價值和健康的倒退價值或「滑行的」價值。而且，我們還可以進一步指出，人越是成熟、堅強和健康，就越追

求成長價值，越少追求和需要「滑行的」價值；但無論或多或少，他仍然需要二者。這兩組價值總是處在辯證的關係中，形成動力的均勢，而且這些就表現在外部行為上。

請記住這一點，基本的動機是滿足已形成的價值階梯，這些高階的和低階的價值、較強的和較弱的價值，比較重要的和不太重要的價值，是彼此相連在一起的。

這些需求不是二歧式的，而是排列在一個整合的階梯上的，也就是說，這些需求之間是相互依賴。請允許我說，施展特殊才能這種高階的需求是由安全需求的不斷滿足支持著的，即使處在不活動狀態這種安全需求也沒有消失（所謂不活動狀態，我指的是在一頓美餐以後的那種食慾狀態）。

這意味著向較低階的需求倒退的過程總是作為一種可能性保留著。在這個前後關聯中，絕對有必要把它看作對於整個有機體的完善，看作是「更高階需求」的存在和活動的先決條件；絕不應該把它看作是反常的或病態的。安全是熱愛的絕對必須的前提條件，而熱愛又是自我實現的絕對必須的前提條件。

實際上，這些健康的倒退的價值選擇也應當被認為是「正常的」、自然的、健康的、似本能的等等，像「高等價值」的情況一樣。這也是很明顯的，它們彼此處在辯證的和動力的關聯之中（或者，正如我更喜歡說的那樣，它們是層次整合的，而不是二歧式的）。

最後，我們必須對付明顯的、描述性的事實，在大部分公眾的大多數時間內，低階的需求和價值要比高階的需求和價值占優勢，即這種低階的需求和價值產生強烈的倒退拉力。在好的或相當好的生活環境下，而且只

有在最健康的、最成熟的、最發展的個體身上，才更經常的、堅定的選擇高等的價值。在很大程度上這種情況可能是真實的，因為他們已有滿足低階需求的堅實基礎，透過滿足需求，低階需求就活動或休眠了，就不再產生向後倒退的拉力；而且，很明顯，這種需求得到滿足的假設，又須假設有一個好的社會。

有一種過時的傳統說法，人的高等本性依賴於人的低等本性，需要低階基礎做基礎；沒有這個低階的基礎，高階基礎就無從談起。這就是說，對於人類來說，如果沒有已經獲得滿足的低等本性做基礎，人的高等本性就是不可想像的；發展人的高等本性的最好途徑，是首先實現和滿足人的低等本性。另外，不論什麼時間，人的高等本性好的或較好的環境條件是人的高等本性依賴的基礎。

這裡的含義就是，人的高等本性、理想、抱負和能力並不依賴本能的拋棄，而是依賴本能的滿足（當然，我所說的「基本需求」與傳統的佛洛伊德的「本能」並不是完全一樣的）。儘管如此，我的這個說法還是指出了重新審查佛洛伊德的本能論的必要性。實際上，這是早就應該做的事情。

另一方面，這種說法與佛洛伊德的生和死的本能所隱喻的二歧性，有某種同型性。也許，我們可以運用他的基本隱喻，而同時又修正他的具體說法。

不過，前進和倒退、高等和低等之間的這種辯證法，正由存在主義者用另一種方式予以說明。除了我力圖使我的說法更接近經驗和診療的資料，更能進一步肯定或否定之外，我沒有發現這些說法之間有任何極大的差異。

多樣化的需求滿足

即使最完美的人也不能擺脫人的基本困境。人既是被創造的，又是天使般的；既是強大的，又是軟弱的；既是無限的，又是有限的；既是動物性的，又是超動物的；既是成熟的，又是幼稚的；既是畏懼的，又是勇敢的；既是前進的，又是倒退的；既是嚮往完善的，又是害怕完善的；既是一個可憐蟲，又是一名英雄。這就是存在主義者力圖向我們講明的事情。

在我看來，我們應該贊同他們的看法，因為對於任何心理動力的和心理治療的最終體系來說，這個基本困境是首要問題的兩難困境和它的辯證法，而且對於我們是適用的，我覺得對於任何自然主義價值論來說，它也是基本的問題。

然而，對於拋棄已達 3,000 年之久的、在亞里斯多德邏輯學模式之內的、二歧式的割裂和分離習慣（「A 和非 A 彼此是完全不同的，你可以選擇這個或者那個，但是你不可能具有二者」）來說，它是極端重要甚至是關鍵性的。儘管有困難，我們還是要學會整體論的思考，放棄原子論的思考。

所有這些「對立面」，實際上是層次整合的，特別是在比較健康的人身上，更是如此。而且，擺脫二歧式和割裂，使表面上不可調合的對立面趨向整合，也是治療的正當目標之一。我們的天使般的特質依賴而且要求我們的動物性特質。我們的成人性不僅不應該拋棄孩子氣，而且還應包含它的優良價值，它是在它的基礎上建立起來的。高等價值和低等價值是以層次方式整合在一起的。

從某種程度來看，價值是由我們在自己的內部發現的。但是，在一定

程度上，價值也是人自己創造和選擇的。發現並不是獲得我們藉以生活的價值的唯一方法。自我探索發現某種單一的東西，手指只指向一個方向，需求只能用一種方式滿足，這是很愚蠢的看法。

幾乎所有需求、智慧和天才，都能夠以多種多樣的方式滿足。雖然這種變式是有限的，但是，它仍然是多樣化的。天生的運動員，有許多運動項目可供他選擇。愛的需求可以由許多人中的任何一個人，而且是以多樣化的方式給予滿足。天才的音樂家，單簧管可以給他帶來快樂，長笛也一樣能給他帶來了快樂。一個有傑出智慧的人，對於做一名生物學家、化學家或者心理學家，滿足的程度可能是相同的。對於任何有良好意願的人來說，有極其多樣的事業和職務，能把同樣的滿足奉獻給他。

也許我們可以說，人性的這種內部結構是彈性的而不是硬性的；或者說，人性的內部結構可以沿著某一特定方向生長，也可以沿著多種方向共同成長。

儘管一位優秀的測驗學家或治療專家，很快就能以一般的方式發現一個人的天才、智慧和需求是什麼，並能給他頗為恰當的職業指導等等，不過，選擇和拒絕的問題仍然不可避免。

此外，當成長中的人朦朧的看到一系列命運，他在其中可以依據機會並按照文化的讚許或譴責進行選擇時，當他逐漸把自己獻身於選擇時，自我製造和自我創造的問題就出現了。例如，醫療事業、紀律、艱苦勞動、延遲愉快、強制自己、鑄造和訓練自己，這一切都變成必須的了。不管醫生是如何熱愛他的工作，為了成為醫生，他還是有那種必須忍受的、不合意的工作要做。

我也可以用另一種方式把這一點提出來。經過成為一名醫生來自我實

現，這意味著成為一名好的醫生，而不是一名差的醫生。這個理想，肯定部分是由他自己創造的，部分是由文化賦予他的，部分是在他內部發現的。他想像一名好醫生應該成為什麼樣子，這一點是有決定作用的，像他自己的天才、智慧和需求有決定作用一樣。

揭露療法的固有價值

哈特曼否認道德規範能夠從心理分析的發現中引申出來。在這裡，「引申出來」指的是什麼？我個人認為，心理分析和其他揭露療法都只是展現或揭露了一個人本性內部的、生物學的、似本能的核心。這個核心的一部分無疑是偏愛和渴望，還可以認為是固有的、生物基礎上的價值，儘管這是微弱的價值。

一切基本需求以及個體所有天生的智慧和天才，都可以歸入這個範疇，至少在古老的、外部的意義上可以這樣說，我只是說它們是人性固有的東西，而且如果否定它們或它們受到挫折就會導致病態，因而也就幫助了邪惡，因為病態和邪惡儘管不是同義的，但它們肯定是部分交迭的。

也有類似的主張：「如果探索療法變成了探索意識形態，那麼，正如有人清楚的指出過的那樣，這就一定會失望，因為心理分析不能提供意識形態。」當然，如果我們從字面上理解「意識形態」這個詞，這自然是對的。

不過，這樣一來，某種很重要的東西就會被忽略了。儘管這些揭露療法並沒有提供意識形態，然而，它們肯定有助於揭露並至少提出了固有價值的赤裸裸的原基或雛形。

換句話說，揭露治療和最深刻的治療能夠幫助病人揭露他模模糊糊追

求的、嚮往的、要求的那種最深奧的、最內在的價值。因此，我堅持認為，正確的療法是與尋求價值有關係的，而不像有人所斷言的那樣，是無關的。

我確實認為這是可能的，我們甚至可以把治療定義為尋求價值，因為從本質上來看，治療最終所尋求的同一性就是尋求一個人內在的、真正的價值。特別當我們回憶起，提高自我認識（認清自己的價值）與提高對別人和對一般現實的認識（認清它們的價值）是一致的時候，這一點更明顯了。

我認為，過分的強調自我認識與道德活動（以及價值信念）之間的極大鴻溝（假設的），這本身可能就是思想和行動間的中斷特別縈繞於懷的徵兆，這種情況在其他特點上並不如此普遍。這很可能也概括了哲學家古老的兩難命題：「是」和「應該」、事實和規範之間的困境。

我對於健康人、處在高峰經驗中的人、設法把自己好的著迷性質和好的歇斯底里性質整合起來的人觀察研究，得出這樣的結論：一般來說，不存在這種不能連接起來的深淵和中斷；在他們那裡，清晰的知識一般都湧現出自發的活動和道德的規範。也就是說，當他們知道了什麼事情是正確的時候，他們就去做這件事。

在健康人身上知識和行動的割裂還保留在什麼方面呢？它們只在現實和存在的固有割裂、真正割裂的方面保留著，而不是在假設的割裂問題上保留著。

這個猜想的正確性達到怎樣的程度，就能被證實到怎樣的程度。深蘊療法和揭露療法不僅作為疾病的消除法，而且也作為合理的價值揭露技術。

「正常」與「反常」

「正常」和「反常」已幾乎沒有什麼大用了，因為它們有這麼多不同的含義。對於心理學家和精神病學家來說，強烈的傾向是用更具體的、而又屬於這些方面的概念來代替這些十分一般的詞。

關於正常，人們一般來說是從統計、文化相對論或生物醫學的角度來解釋的。然而，就像交際場合或禮拜的用語一樣，它們不過是一些傳統的解釋，而並非日常的解釋。正常一詞所具有的非正式意義就像專業含義一樣確切。

當大多數人問「什麼是正常的」時，他們心中是有數的。對於大多數人，甚至包括在非正式場合的專家，這是一個價值問題，它相當於問，「我們應當尊重什麼」；「什麼是好，什麼是壞」；「我們應憂慮什麼」；以及「我們應對什麼感到內疚或者感到問心無愧」。

我決定既在專業的意義上，也在非專業的意義上來解釋這一問題。我的印象是：在這一領域曾有許多專家付出努力，儘管他們在大多數時間不承認這一點。在正式會話中，關於正常應該意味著什麼，有過大量的討論，但是，關於它在具體情況下實際意味著什麼，卻只有相當少的討論。

在我的治療工作中，我一直是從患者的角度，而不是從專業的和技術的角度來解釋正常和異常。曾有一位母親問我，她的孩子是否正常。我理解她的意思她是想知道，她是否應去擔憂自己的孩子，她應該努力改進對孩子行為的控制，還是應該任其發展、不去打擾。人們曾在演講後問到關於性行為的正常與反常，我以同樣方式理解他們的問題，我的回答往往給予這樣的暗示：「要注意」或「別擔憂」。

　　由於這一問題具有如此典型的重大價值問題，以至於心理分析學家、心理治療學家以及心理學家們對它重新產生了興趣。佛洛姆是從良好、適意以及價值談到正常問題的。在這一領域內，大多數其他作家也是這樣。

　　這種工作一直非常明確的是要努力建構一種價值心理學，這種價值心理學最終可能作為普通人的實踐指導，也可以作為哲學教授和其他專家的理論參照系。

　　對於這些心理學中的許多人，所有這些努力越來越被認為是企圖要做正規的宗教曾竭力要做而未能做到的事情，也就是給人們提供一種對於人性的理解。這種人性涉及他們本身、他人、社會、世界，即，為他們提供他們能夠據以理解何時應感到有罪何時不應感到有罪的參照系。這就是說，我們相當於正在建立一門科學倫理學。

　　雖然不能說一定能成功，但我也要注意一下關於「正常」的各種意義上解釋的嘗試。

　　人類行為的調查可被人為的缺乏完全評價，因為它只告訴了我們事實是什麼，實際存在是什麼。很不幸，大多數人，甚至連科學家在內，都不夠強健，以致順從的贊同一般水準，贊同最普通最常見的事物，在我們的文化中尤其是如此，它對於普通人來說非常強大。

　　例如，金賽（Kinsey）博士對性行為的傑出的調查因其提供的原始資料而於我們非常有益，但是他和其他人卻不能避免隨和的談論什麼叫正常（指適意）。

　　病態的性生活（從精神病學角度看的病態）在我們的社會中是正常的，但這並不使病態變得合乎需求或健康。我們必須學會在我們意指正常時才使用正常一詞。

另一個對科學家很有用的是格塞爾（Gesell）的嬰兒發展標準。但是，假如嬰兒在行走或從杯子裡喝水的發展上低於平均水準，大多數母親都很容易感到焦慮，好像那是壞事或者可怕的事。顯而易見，在我們找出了平均標準後，我們還必須問：「這種標準是合乎需求的嗎？」

這個詞通常被用來表示贊成習俗的依據，因為人們已無意中將其與習俗、習慣或慣例等同起來。我記得我上大學時，一次由婦女吸菸引起的爭辯。婦女主任說那是不正常的，並且加以禁止。那時，女大學生穿寬鬆褲子，在公共場合握手也是不正常的。

當然，如果是指「這不合乎傳統」，這完全正確。但這對於她來說，還暗含著「這是不正常的、不健康的，本質上是病態的」，這就完全錯了。後來習慣改變了，她也隨之被解僱，因為，到了那時候，她的那套方式已成為不正常的了。

與神學的標準一起來掩蓋習俗，是這一用法的另一個不同形式。所謂聖書，經常被看成是行為制定的規範，但是科學家對於它也像對其他任何習俗一樣，很少放在心上。

文化作為正常、健康、良好或適意的一種根源，可以相對看成是一種過時的東西。當然，人類學家起初曾在使我們認清種族主義給予我們極大的幫助。更廣泛的人種學知識已驅散了許多這類見解。

並且，人們普遍認識到，種族主義是一種嚴重的危險。誰要想代表整個人類講話，他必須了解一些人類學，以及具備至少 10 種左右的文化知識，這樣他才能夠越出或者避開自己的文化的限制，從而更能夠作為人類而不是人類的鄰居來評價人類。

這一錯誤的主要變體是適應人的概念。看到心理學家們竟變得敵視這

一看來合理、顯而易見的概念，非專業的讀者也許會感到迷惑。每個人畢竟都希望他的孩子善於適應，作為團體的一員，受到相同年紀朋友的歡迎、讚揚和愛戴。我們的重要問題是：「適應哪一個團體？」能夠適應納粹、犯罪、違法、吸毒等團體嗎？受誰歡迎？受誰讚揚？在 H·G·威爾斯（Herbert George Wells）奇妙的短篇小說《盲人國》（*The Country of the Blind*）裡，人們都是瞎子，而有視力的那個人卻被視為不正常。

一個人對自己文化及外部環境的適應往往是被動的順應。但是，如果它是一種病態的文化呢？或者再舉一例，我們正緩慢的學會不再以精神病為理由武斷的認為青少年罪犯必然很壞或者有害。從精神病學和生物學的角度來看，犯罪以及青少年中的犯罪和惡劣行為也許代表著對於欺詐、利用、非正義和不公正的合理反抗。

適應的過程是被動的而不是積極的。母牛、奴隸或者任何沒有個性也能很快活的人就是它的理想典型，我們甚至有適應良好的瘋子或者囚犯。

這種極端的環境論意味著人類無限的可塑性和扭曲性以及現實的不可變性。因此它就是現狀，表現了宿命論的觀點，同時它也是不真實的。人類的可塑性並非無限，完全能夠改變現實。

使用「正常」一詞的另一個完全不同的傳統，是把它用於形容沒有疾病、傷痛或明顯的機能失常的醫學臨床習慣。如果一個內科醫生在給病人進行徹底檢查後沒有發現任何身體上的毛病，他就會說這個病人「情況正常」，儘管病人仍然處於痛苦之中。這個內科醫生的意思其實是：「我用我的技術不能發現你有什麼毛病。」

受過一些心理學訓練的醫生和所謂身心學家發現的東西會多一些，對於正常一詞的使用也會少得多。的確，許多精神分析家甚至說沒有正常的

人，即，沒有絕對沒病的人。這就是說，沒有什麼是完美無瑕的。這種說法相當真實，但於我們的倫理學研究卻無多大幫助。

受過一些心理學訓練的醫生和所謂身心學家對於「正常」一詞的使用會少得多，因為他們發現的東西會多得多，還不能說它已經很明確或者有確鑿的證據的可靠支持。相反，應該說它是一種發展緩慢的概念或理論，似乎越來越有可能成為未來發展的真實傾向。

關於正常這個概念的發展前景，關於一般化的，廣泛人類的心理健康的某種形式的理論將得到發展，它將適用於整個人類，而不管人們的文化和時代背景如何。無論從經驗還是從理論方面來看，這種情況都正在發生。新的事實、新的資料促使了這種新的思想形式的發展。

杜拉克（Drucker）發表這樣一種觀點：自從基督教創史以來，有大約四種連續的觀點或者概念一直統治著西歐。這些觀點表達了尋求個人幸福與健康所應採取的方法。其中每一個觀點或者神話都豎立了一種理想的典型人物；並且設想，如果效仿這個理想人物，個人的幸福和健康一定會實現。中世紀時，聖職人員被視為理想的典型，而文藝復興時期則換成了有學識的人，然後是實用主義和英雄主義交替上場。

但是不管怎樣，所有這些神話都失去作用了，代之而起的是一個新的概念，這個新概念正緩慢的在最先進的思想家和新概念的研究者心裡發展著，並很快成熟起來。這個新概念就是心理健康的人，或者具有真正靈魂的人，實際上也可稱為自然的人。杜拉克提及的那些概念曾對他們的時代產生過深遠的影響，並且，這個概念將對我們的時代產生同樣深遠的影響。

我來簡要的闡述心理健康的人的實質，雖然這個新概念剛開始或許有

些教條化。首先，最重要的是這樣一個強烈的信念：人類有自己的基本性質，即某種心理結構的框架，可以像對待人體結構那樣來研究、討論它；人類有由遺傳決定的需求、能力和傾向，其中一些跨越了文化的界線，展現了全人類的特性，另一些為具體的個人所獨有。一般看來，這些需求是好的或中性的，不是罪惡的。

第二，我們的新概念涉及到這樣一個觀點：完美的健康狀況以及正常的有益的發展在於實現人類的這種基本性質，在於充分發揮這些潛力，在於遵循這個暗藏的模糊不清的基本性質，在於充分發揮這些潛力，在於遵循這個暗藏的模糊不清的基本性質所控制的軌道，逐漸發展成熟，這是內在發展，而不是外界造型的過程。

第三，一般的心理病理學現象很明顯是人類的這種基本性質遭到否定、挫折或者扭曲的結果。根據這個觀點，無論什麼事物，只要有助於向著人的內在本質的實現有益的發展，就是好的；只要阻撓、阻擋或者否定這種基本性質，就是壞的或變態的；只要干擾、阻撓或者改變自我實現進程，就是心理病態。那麼，什麼是心理治療呢？或者乾脆說，什麼叫治療？無論什麼方法，只要能夠幫助人回到自我實現的軌道上來，只要能夠幫助人沿著他內在本質所指引的軌道發展，就是治療。

這一概念表面上類似於亞里斯多德主義者和史賓諾沙主義者的理想。的確，我們必須承認，這一新概念和過去的哲學有很多相同之處。但是，我們也必須指出，對於真實的性，我們遠比亞里斯多德和史賓諾沙了解得多。總之，我們足以理解他們的錯誤和缺點是什麼。

各種流派的心理分析家，特別是佛洛伊德，發現了古代哲學家們所缺少的知識以及他們的理論中具有致命弱點的知識。我們已經特別從動力心

理學家，還有動物心理學家以及其他心理學家那裡，獲得了大大擴充了的關於人的動機，特別是無意識動機的知識。其次，我們擁有非常豐富了的關於心理病理學及其起源的知識。最後，我們從心理治療家，特別是從對心理治療的目標和過程的討論中學到了許多東西。

我們可以同意亞里斯多德關於良好的生活在於按照真實的人性生活的假設，但也必須看到，他還不了解真正的人性。在描繪人性的這種基本性質或固有結構時，亞里斯多德全部能做的，就是觀察自己周圍的情況，研究人，觀察人們的表現。但是，誰要是像亞里斯多德那樣只從表面來觀察人，他最後就一定只會得到靜態的人性的概念。

亞里斯多德所能做到的唯一事情，就是描繪出一幅屬於他自己的文化和時代的良好人的圖畫。人們還記得，在亞里斯多德關於良好生活的概念中，他完全接受了奴隸制的事實，製造了致命的錯誤的假定，即，僅僅因為一個人是奴隸，這就成了他的基本性質。從而，作奴隸就是他良好的生活。這完全暴露了在建立什麼是良好人、正常人或健康人的觀念時，依據純粹表面觀察所具有的弱點。

如果我來總結、比較亞里斯多德的理論和戈德斯坦、佛洛姆、荷妮、羅傑斯以及其他人的概念，我所要堅持的基本區別是，我們現在不僅能夠看到人是什麼，而且知道他可以成為什麼。也就是說，我們不僅能看到表面，看到現狀，而且也看到實質。我們現在更加了解人們隱藏的情況，以及被壓抑、忽略、忽視的狀況。我們現在能夠依據一個人的可能性、潛力以及可能達到的最高發展，而不是僅僅依靠外在的觀察來判斷他的基本性質。

我們從這些動力心理學家處學得，單憑才智或理性是不能達到自我實

現的，這也是我們與亞里斯多德相比的另一優點。大家都說，亞里斯多德為人的能力排列了等級，理性在其中占據首位，並且不可避免的隨之提出一個概念：與理性相對立的是人的情感和類本能的性質，它們一直在相互衝突、廝殺。

但是，透過對於心理病理學和心理治療的研究，我們必須大大改變我們對心理學意義上的有機體的看法，平等的尊重理性、感情以及我們本性中意動或者願望和驅動的一面。

而且，對健康人的經驗研究向我們證明，這些方面之間根本沒有衝突，不是對立的而是合作的。健康人完全是一個整體，或者說是一體化的。只有精神病人才與自己不一致，理性與感情才發生衝突。這種分裂的後果是，感性生活和意動生活一直誤解和曲解了理性。

正如佛洛姆所說：「理性由於成了看守自己的囚犯 —— 人性 —— 的衛兵，它本身也變成了囚犯，因此人性的兩個方面 —— 理性和感情 —— 都是殘缺不全的。」我們不得不贊成佛洛姆的觀點，他認為，自我實現的發生不僅依靠思想活動，而且取決於人的整個人格的實現，這個完整的人格不僅包括該人的智慧能力積極表現，而且包括他的情感和類本能的能力的積極表現。

我們如果對於人稱為好的某些條件下可能成為什麼狀態擁有很可靠的知識，並且假定，只有當一個人實現了自我，成為他自己時，他才是快樂、寧靜、自我認可、坦蕩、身心一致的，那麼就有可能也有理由談論好與壞、對與錯、有益或有弊。

我們憑經驗就可以回答那些技術哲學家的反論，如幸福未必比不幸福更好。因為，如果我們在相當多樣的條件下觀察人，就會發現他們自己而

不是觀察者，會主動的選擇幸福而非不幸，選擇舒適而非痛苦，選擇寧靜而非擔憂。一句話，在其他條件相同的情況下，人們選擇健康而非疾病（然而條件是，他們自己進行選擇，而且當時條件屬於後面要討論的一種）。

這也解釋了眾所周知的關於方法與目的價值命題的一般哲學缺陷。如果你要達到目的 X，你就應該採取方法 Y。「如果想長壽，你就應該吃維生素」。我們對這個命題有一個不同的解釋。我們依照慣例也能知道人需要什麼，比如，需要愛、安全、幸福、知識、長壽、沒有痛苦等等。那麼，我們可以不說：「假如你希望幸福，那麼⋯⋯」，而說：「假如你是一個健康的人，那麼⋯⋯」

下面有一些完全符合事實的經驗之談：我們隨便的說狗喜歡肉，不喜歡沙拉；金魚需要清潔的水；花在陽光下開得最盛。由此我堅決認為，我們說的是描述性、科學性的話，而不是規範標準的話。

好多有哲學思想的同事們，他們對我們現實的狀況與我們應該達到的狀況加以嚴格區分。但我要說，我們能夠成為什麼與我們應該成為什麼，前者這一用語比後者要好得多。請注意，假如我們採取經驗和描述的態度，那麼應該這個詞就根本不合適。例如，如果我們問花或者動物應該成為什麼，顯然很不合適。應該一詞在這裡是什麼意思？一隻小貓應該成為什麼？對於這個問題的答案以及答案中所包含的精神也同樣適用於人類。

用一種更有力的方式來表達同一個意思：我們有可能在某一時刻區分一個人目前是什麼和他有可能是什麼。我們都知道，人的性格分為不同的層次或者不同的深度。無意識與有意識的東西並存，儘管它們可能會發生矛盾。一個目前存在（在某一意義上），另一個目前也存在（在另一較深層

的意義上）並且有一天將有可能上升到表面，成為有意識的東西，於是便在那個意義上存在。

如果這麼考慮，大家也不妨認為，性格深處蘊藏著愛的人卻可能有行為上的劣跡。假如他們努力實現了這種泛人類的潛能，就變成比過去健康的人，並且在這個特殊意義上，變得更正常了。

人與其他生物的重要區別在於：人的需求、偏好和本能有著微弱的、含糊的殘餘，有懷疑、猶豫、衝突的餘地；它們極容易被扼殺在文化、學習以及他人的愛好之中，進而消失得無影無蹤。許多世紀以來我們一直慣於將本能看成單義的、明確的、牢固的和強大的（如同動物的本能一樣），以致我們從未看到弱本能的可能性。

我們的確有一種類本能的傾向和能力的朦朧的骨架結構和性質。但是卻很難從我們身上認清它，做到自然、自發、了解自己的本質、了解自己真正的需求，這是一個罕有的高境界，它雖然極少出現，但卻伴隨著龐大的財富，並且需要極大的勇氣和長期的艱苦奮鬥。

表達願望並自行選擇

整體來看，我們已經肯定，人的內在本質，似乎並不只是他的解剖構造，還要包括他最基本的需求、欲望以及心理能力。其次，這種內在本質通常並不是表面上的，它被掩蓋起來，尚未實現，脆弱而不強大。

之所以說這些需求和特質上的潛力是固有趨勢，是因為我發現了十二個獨立的證據和發現方法，以最重要的四個為例。第一，這些需求若遭受挫折，就會導致心理疾病。第二，這些需求若得到滿足則能培養健康性

格（導致良好的心理狀態），而精神病需要的滿足就不會產生這種結果。這就是說，它能使人變得更好更健康。第三，在自由的狀況下，它們自然的作為人的偏好而表現出來。第四，在相對健康的人那裡可以直接觀察到它們。

我們不能光靠對有意識需求的內省或者對無意識需求的描述來區分基本與非基本。因為，從現象學上看，人對精神病的需求與內在固有的需求的感覺極其相似。它們同樣的要求滿足，要求壟斷意識。它們的內省特性之間的差異並不明顯得足以使反省者能夠區分它們，除非人在彌留之際追溯往事（就像托爾斯泰〔Tolstoy〕筆下的伊凡‧伊里奇），或在某些特殊的頓悟時刻也許有這種可能。

但是，我們需要有某種不同的客觀變量能夠與之相連，與之協調。實際上，這種不同的變量一直就是精神病、健康連續統一體。我們確信，惡劣的進攻性行為其實不是基本的，而是反應性的；是結果，不是起因。因為，當一個品行惡劣的人在心理治療中逐漸變得健康時，他的惡意也逐漸減少；而一個較健康的人逐漸變得病態時，他的敵意、惡毒、卑劣就增加了。

滿足基本的內在需求可以滋生健康，但滿足精神病需求卻不會產生這種效果。給予一個有能力的精神病追求者以所有他想要的能力的滿足並不能減少他的精神病。而且要充分滿足他對能力的需求也是不可能的。不管供給他多少，他仍然會感到不滿足。精神病需要是得到滿足還是受到阻撓，對於基本健康，幾乎沒什麼兩樣。

但與此相反的是類似於安全、愛的需求。它們是可以滿足的，它們的滿足的確會滋生健康，它們的挫折的確會導致疾病。

與此類似的是對於如智力或活動的強烈傾向這類個人的潛力。我們這裡僅有的資料是臨床的資料。這種傾向的作用如同一種內驅力，它要求得到實現。一旦滿足它，人就會發展良好；如果使它受到阻礙和挫折，尚不被我們十分了解的各種微妙的麻煩立即就會發展起來。

　　直接研究真正健康的人是成就最為顯著的方法。我們的確已經掌握足夠的知識，能夠選擇相對健康的人，特別是我們擁有像墨跡測驗和主題理解測驗這樣的投射測驗法。

　　科學家在研究和描繪正常狀態時可以透過對優秀、完美、理想的健康和人類潛能實現的意義。假如我們知道優秀人物是怎樣的或能夠成為怎樣的人，那麼人們（那些最想變得優秀的人）就可以效仿完美的典型從而改進自己。

　　研究最充分的固有趨勢的實例是愛的需求的研究。我們可以利用這個研究來說明已經提及的四個用於區分人性中固有和普遍的東西與非本質和局部的東西的方法。

　　首先，當我們對一種精神病進行最深入的探索時，幾乎所有治療家都承認，將會多次發現生命早期愛的匱乏現象。一些試驗不全面的研究已經在嬰兒和幼兒身上證實了這一點，甚至認為徹底的剝奪愛會危及嬰兒的生命。也就是說，愛的匱乏會導致疾病。

　　其次，這些疾病，尤其對兒童來說，尚未達到無力回天的地步，那麼給予患者感情和慈愛是可以治癒的，甚至在成人心理治療中以及對於更嚴重的病例的分析中，也有充分的理由相信，治療的一個任務是使患者得到能使他痊癒的愛。並且，越來越多的證據證實了充滿感情的童年與健康的成年之間的關聯。總而言之，可以作這樣的概括：愛對於人類的健康發展

是一種基本需求。

另外，如果一個兒童可以自由選擇的話，並且假設他的心靈尚未扭曲和受到世事的熏染，他將選擇感情而不是非感情，雖然我們目前還沒有充足的證據來證明這一點，但是我們掌握的大量的臨床資料和一些人類文化學的資料可以支持這個結論。兒童喜歡和藹仁厚的教師、家長或朋友，而不喜歡懷有敵意、冷酷的傢伙。這個很普通的現象證實了我的觀點。嬰兒的啼哭告訴我們：他們要感情，不要冷漠。峇里人的情況就是一例。峇里成人不像美國成人那樣需要愛。痛苦的經歷迫使峇里兒童放棄尋求和期望愛。但是他們並不喜歡這樣的訓練，在被強迫不要求愛時他們也痛苦萬分。

最後，我們發現，幾乎所有健康成年人（雖然不是全部）都享受過充滿愛的生活，給予過也承受過愛。並且，他們也都愛他人。最後一個似乎違反邏輯的現象是，他們不像普通人那樣需要愛。顯然，這是因為他們已經有足夠的愛。

能使我們的論點更有道理、更明瞭的完美的佐證可以由任何營養缺乏症來提供。假設一個動物缺鹽。首先，這會引起病狀。第二，額外補充的鹽會治癒或有助於治癒這種病狀。第三，缺鹽的小白鼠或人會主動選擇鹽多的食物，即，異常的大量食鹽；而且人會表達主觀上對鹽的渴望，並會說鹽好吃。第四，我們發現，健康的機體若已經吸收足夠的鹽，就不會特別渴望或需要它了。

愛的需求也和鹽的需求一樣，機體可能為了維持健康，防止疾病而努力滿足它。換言之，我們可以說，就像汽車由於構造如此而需要汽油一樣，人體也需要鹽和愛。

我們已經大量的談論了良好條件和許可範圍等。這些都涉及到在科學工作中進行觀察時往往必不可少的特殊條件，這等於在說：「在某些情況下這才是事實。」

我們轉向是什麼構成了使本性得以顯露的良好條件的問題，看看現代動力心理學的觀點。

如果我們所討論的要點是機體具有自己固有的、輪廓模糊的本性，那麼，顯然它是非常脆弱、微小的，不像在低等動物身上那樣強大，難以抑制。低等動物對於自己是什麼、要什麼和不要什麼，絕不會產生任何懷疑。

然而，人類對愛、知識或者某種人生觀的需求卻並不是明確的、強烈的，相反，是很微弱的，它們用低語而不是喊叫來表達自己。

必須創造特殊的條件，把為了發現一個人需要什麼以及他到底是什麼的能力表現出來，並具有滿足的可能性。

大體上，這些條件可以整體概括為允許滿足和表現。如何知道懷孕的小白鼠吃什麼最好呢？我們讓牠們在廣泛的可能性中自由選擇，對牠們吃什麼，何時吃，吃多少，怎樣吃順其自然。我們知道，按個別的方式給嬰兒斷奶對嬰兒最為有利，即，在對他最為合適時給他斷奶，但怎樣確定這個時間呢？我們當然不能去問嬰兒，也不用去請教保守的兒科專家。我們給嬰兒一個選擇的機會，讓他自己決定。先給他流質和固體兩種食物，假如他對固體食物感興趣，他自己會自然的斷奶。

同樣，我們也已經學會透過創造一種允許、接受和滿足性的氣氛來讓兒童告訴我們他們什麼時候需要愛、保護、尊重或者控制。我們已經知道，這種氣氛對於心理治療很有幫助，只有在這種氣氛中，心理治療才具

有可行性。我們發現，在廣泛的可能中自由選擇的方法，在許多不同的社會情況中都是有用的，例如，女囚犯在監獄選擇同寢室的夥伴，大學生選擇教師和課程等等。

在這裡我迴避了有益的挫折、紀律，以及對滿足加以限制這些棘手但卻重要的問題。我只想指出，雖然允許可能對於我們的實驗目的最為有利，但為了教育考慮他人和意識到他人的需求的品德，允許本身也不必充足。

所謂良好的環境，從促進自我實現或者促進健康的角度來看應該是這樣的：提供所有必需的原料，然後放開手腳，讓機體自己表達自己的願望、要求，自己進行選擇（切莫忘記，有機體經常選擇自我克制和延誤，以有利於他人等等；而他人也有要求和願望）。

心理學烏托邦

我一直欣欣然於理論上建立一個心理學烏托邦。在這個烏托邦中，人人都是心理健康的，被我叫做健美精神。根據我們關於健康人的知識，我們能否設想一下，假如 1,000 戶健康人家移居一處荒原，在那裡他們可以隨意設計自己的命運，他們會發展怎樣一種文化呢？他們將選擇什麼樣的教育、經濟體制、性關係、宗教呢？

除了以經濟情況為首的某些問題以外，有一些問題我非常有把握。其中之一是，幾乎可以肯定，這是一個高度無政府主義的群體，一種自由放任但是充滿愛的感情的文化。在這個文化中，人們（包括年輕人）的自由選擇的機會將大大超出我們現已習慣的範圍，人們的願望將受到比現實社會中更大的尊重。人們將不會過多的互相干擾，這樣易於將觀點、宗教信

仰、人生觀、或者在衣、食、藝術或者異性方面的趣味強加給自己的鄰人。總之，這些精神優美的居民將會一貫表現出寬容、尊重和滿足他人的願望，只是在某些情況下會阻礙別人（對此暫不闡述），他們允許人們在任何可能的時候進行自由選擇。在這樣的條件下，人性的最深層能夠自己毫不費力的顯露出來。

要記住，有一種特殊的情況，它是由成年人構成的。自由選擇的局面並不一定適合於普通成年人，它只適合於未遭損害的人。病人、精神病患者會進行錯誤的選擇，他們對自己想要什麼一無所知，即使知道，也沒有足夠的膽略進行正確的選擇。當我們談論人類進行自由選擇時，我們指的是健康的成人或者人格尚未扭曲變形的兒童。關於自由選擇的大部分有效的試驗是在動物身上進行的。我們透過分析心理治療過程，同樣具有臨床上很好的效果。

在我們試圖理解正常這個新概念以及它與環境的關係時會遇到環境與人格的問題。這個概念似乎引出這樣一個理論上的結果：完美的健康需要一個完美的世界。然而在實際的研究中，事情似乎並不是絕對按照這個公式發展的。

儘管現實社會是很不完美的，但我們仍可以在其中找到極為健康的個人。當然，這些人並不是完人，但是他們的確已經達到我們所能設想的優秀程度。或許在和平時代這個文化中，我們剛好對人能夠達到怎樣的完美程度認識不足。

個人能夠比他所生長和生活其中的文化更健康，這是研究工作已經建立起來的一個重要論點。之所以有這種可能，主要是因為這個健康的人有超脫周圍環境的能力。這就是說，他靠內在的法則而不是外界的壓力

生活。

　　只要一個人的行為不是過分出格，那民主性會給他非常廣泛的自由來按照自己的意願行事。健康人並不在表面上引人注目，他們不著奇裝異服，風度和行為也不異常，他們有的是內在的自由。由於他們不為他人的讚揚和批評所左右，而是尋求自我肯定，可以認為他們在心理上是自主的，即，相對獨立於文化。內在自由似乎比外部自由更重要。

　　我們已得出這樣一個結論：雖然良好的環境可以培育良好的人格，但是這種關係遠非完備。此外，為了強調精神和心理的力量而不是物質和經濟的力量，必須對良好環境的解釋大加改變。

超越環境的自我實現

　　我們幾乎將正常的本質等同於人類所能達到的最高完美境界。但是，這個理想並不是可望而不可及的目標，實際上它就存在於我們的心靈深處，但又被掩藏著。它是潛在的可能性，不是現實性。

　　由於希望或願望不是發現的概念，而經驗研究的結果卻是。所以我說，正常的概念是發現的而不是發明的。這個概念包含著一個全然自然主義的價值系統，對於人性的進一步的經驗研究可以擴大這個價值系統。這種研究可以解釋這個古老問題：「我怎樣才能成為健全的人？怎樣才能過健全的生活？怎樣才能富有成效、幸福、內在安寧？」

　　當機體因為某些價值被剝奪而患病、萎靡不振時，我們因此而得知它需要什麼，即，它重視什麼，這也等於告訴我們什麼才是對他最重要的。

　　最後一點，較新的動力心理學中的重點問題是：自發、釋放、自然、

自我選擇、自我認可、衝動意識、基本需求的滿足，而傳統的關鍵概念一直是控制、抑制、紀律、訓練、塑造。它的理由是，人類的深層本質是危險的、罪惡的、貪婪的、掠奪性的，教育、家庭訓練、養育孩子、一般的文化適應，都被看作是控制我們內在的黑暗勢力的方法。

兩種截然相反的社會、法律、教育和家庭觀念會由關於人性的這兩種不同概念產生。在某種情況下，社會、法律、教育等是控制和約束力量，在另一種情況下，它們促使人性得到滿足和實現。當然，這是一種過於粗淺直接的對比。實際上一種概念不可能絕對正確或不正確。但兩種典型的理想化的對比有助於加深我們的理解。

如果這個將正常狀態與完美的健康等同起來的觀點成立，那麼，不但關於個性心理學的概念必須改變，而且關於社會的理論也需要改變。

在眾多對心理健康的討論中，我希望將一個可能已被丟棄的觀點保留下來。我看到的危險是，用順應時代、順應現實、順應社會、順應別人來鑑定心理健康的陳腐觀點生活，以新的而又更老練的形式復活。

這就是說，一個可信賴的或者健康的人，可以拋開他自己的實際情況，忽略他的自主性，不靠他自己內部精神的和非環境的法則，不是把他作為超越環境、獨立於它或與它爭鬥的方式下定義，而是以環境為中心的思想來給健康人下定義。

例如，控制環境的能力，在與環境的連結中是有能力的，適當的、有效的和遊刃有餘的，工作出色，很好的認識環境，與環境相處融合，在環境條件下是成功的等等。從另一方面說，環境、工作的分析和任務的要求，不應當作為個體價值或健康的主要依據。人不僅有對外的定向，而且也有對內的定向。一種超出精神中心的觀點，不會適用於給健康心靈下定

義的理論任務。

我們一定不要陷入以「對什麼有用」的思想方法來給優秀有機體下定義的陷阱，彷彿他是一個機械裝置而不是他自身，彷彿他僅僅是達到某種外部目的的工具。正如我理解的馬克思主義者的心理學，它也很直率而清楚明白的表達這種觀點：心理是對現實的反映。

我重點討論懷特（White）在《心理學評論》（Psychological Review）上發表的論文〈重新考慮動機〉，以及武德沃斯（Woodworth）的書《行為的動力》（Dynamics of Behavior）。我之所以選擇這些文章，是因為它們是極好的高度精緻的成果，是因為它們促進了動機理論重大的飛躍發展。我完全贊同他們所論述的一切。但是，我覺得他們走得還不夠遠。他們以隱蔽的形式包含著我提到的那種危險，即，雖然熟練、效力、勝任可以是積極的而不是消極的順應現實，但是，它們依然是順應論的演繹。

我認為，我必須超越這些論述（儘管它們足以讓人信服），才能清晰的認識要超越環境，不依賴環境，堅定的反抗它，與它抗爭，小看它，或者違背它、拒絕適應它。因為，對於心理健康的理論來說，只有心靈外部的成功是不夠的，我們必須把心靈之內的健康包括在內。

我也不會像大多數人那樣去認真對待沙利文（Sullivan）式的嘗試，因為他給自我下定義時只是簡單的根據他人對一個人的評價，這是一種極端的文化相對論的做法。在這裡，健康的個體性被完全拋棄了，並非說不成熟的人格就不是這樣，它也是這樣的。但是，我們正在談論的是健康的、充分成長起來的人，而他肯定是以超越其他人的看法為特徵的。

為了替我的確信找到依據，即為了理解完全成熟的（真正的、自我實現的、個性化的、創造性的、健康的）人，我們必須保留自我和非我之間

的區別，請注意下述提出的簡單思考。

首先一些資料來自我1951年發表的論文〈抗拒文化適應〉。我報告說，我的健康研究對象表面上是承認習俗的，但私底下對這些習俗則是隨心所欲的、馬馬虎虎的和超然的。也就是說，他們能夠接受這些習俗，又能脫離它們。我發現，實際上他們全都平靜的、幽默的抵制文化的愚蠢和缺陷，用或大或小的努力來改進它們。如果他們認為抗爭是必要的話，他們明顯的表現出與這些缺陷進行堅決抗爭的能力。

現在援引這篇論文中的一段話如下：「愛慕和贊同與敵視和批判各種比例的混合狀態，說明他們從美國文化中選擇那些他們認為是好的東西，而抵制他們認為是壞的東西。一句話，他們權衡和鑑別它們（根據他自己的內部標準），然後他們自主採取決定。他們也表現出對一般人的非同尋常的排斥性，以及對獨處的令人驚訝的喜好和需求。

「由於這些原因以及其他原因，可以稱他們是自主的，也就是說，他們是被他們自己的性格法則統治的，而不是被社會的法則統治的（只要這些法則彼此不同）。正是在這個意義上，他們不僅僅是美國人，而且在更大的程度上是人類的成員。」

接著，我假設：「這些人可能具有較少的『國家的性格』，與喜歡他們自己文化的那些不太發展的成員相比，他們可能更喜歡彼此跨越了文化界線的人。」

這種超越文化的典型，有懷特曼（Whiteman）和詹姆斯（James），他們是純粹美國人，然而他們也是非純粹的、超文化的、整個人類的國際成員。他們是全世界的人，並非和我們是美國人有什麼矛盾，而恰恰是因為他們是這樣的美國人。同樣，馬丁‧布伯（Martin Buber）這位猶太哲

學家，也是超越了猶太人的。葛飾北齋（日本浮世繪畫家），是純粹的日本人，又是一名全世界的藝術家。很可能，任何普遍的藝術是不能沒有根基的。純粹地區性的藝術，不同於根置於地區但又已經變成廣泛一般的 —— 人類的藝術。

在這裡，我們也可以提醒自己記起皮亞傑（Piaget）的兒童，直到他們成熟到能把這個包括在那個之中、並把二者同時納入層次整合之中時為止，這些兒童不可能理解既是日內瓦人又是瑞士人的原因。

在這裡，我特別指出的是這些人的超然、獨立、自我管理的特點，以及在內部尋求指導生活的價值和法則的傾向。

我們只有很清楚的區分這些，才能為反省、沉思以及所有進入自我的形式，拋棄外部世界來尋求內部呼喚的形式，找到理論支持。這個包括了所有頓悟治療的所有過程，在這一類治療中，拋棄外部世界是絕對必要的，達到健康的途徑是經由轉入幻想、轉入初始過程的。一般來說，這是恢復內在心靈的過程。心理分析的範疇有可能達到超越文化的程度。在任何比較充分的討論中，我肯定能論證這種意識自身的享受和體驗的價值。

其實我們關於心理學的東西都可以從對於健康、創造性、藝術、娛樂和愛的興趣中學到。從這些探索的種種結果中，我將為我們的目標選出一個結果來強調，而且，這是對人性的底蘊、無意識、原初過程，以及對古代的、神話般的和詩意的東西，在態度上的變化。

因為不健康狀況的根基首先是在無意識之中發現的，所以我們就傾向於認為無意識是醜陋的、邪惡的、瘋狂的、骯髒的和危險的，而且傾向於認為原初過程是歪曲真理的。但是，現在我們發現這些底蘊也是創造性、藝術、愛、幽默、娛樂的泉源，我們可以開始說健康的無意識、健康的倒

退了。尤其我們對原初過程的認知可以開始重視，並且認為它和遠古式以及神話式的思維一樣都不是病態的。

現在我們為了獲得某種不僅關於自我而且關於世界的知識，就可以進入原初過程的認知狀態了，對於這些知識二級過程是無識別能力的。這些原初過程是正常人性或健康人性的要求，任何綜合的健康人性理論都必須把它們包括在內。

假如你認為這個觀點正確，那你必然會對這樣的事實進行深入思考：它們屬於心靈內部、有自己固有的標準和規律。它們主要不是適應外部現實，或被它塑造，或者是為對付它而裝備的。人格的某些表面層次分化出來照管這項工作，但如果認為整個心靈等同於這些應付環境的工具，就丟掉了某些我們不應該丟失的東西。適合、順應、勝任、控制、對付等，這些全都是心靈中心主義的詞，因而是不適合描述整個心靈的，因為它有一部分與環境沒有關係。

在所有領域，我都批判了那種認為一切行為都是有動機的大眾理論，因為行為的應付方面和表現方面有重要的區別。在這裡，我將強調，表現行為或者是無動機的，或者是比對付行為較少動機的（依據每個人對「有動機的」含義如何理解而定）。在更純粹的表現行為形態上，它們與環境的關係很小，而且沒有改造或適應環境的目的。適應、適合、勝任或控制這些詞，不適用於表現行為，只適用於對付行為。現實中心主義的完美人性理論不克服極大困難就不能處理和呈現「表現」。理解表現行為的自然中心點是在心靈內部。

只要集中注意任務就不難發現兩種效能結構 —— 有機體內部的和環境的。不相干的東西就被推到一邊，而不予以注意。各種相關的智慧和訊

息在占統治地位的目標、目的的指引下排列它們自己，這就意味著，重要性變成按照有助於解決問題，即根據有效性來確定了。對解決這個問題沒有幫助的東西，就變成次要的了，選擇就成為必要的。所以，抽象的說，這就意味著對某些東西是忽略不計的、不注意的、排斥的。

　　但就像我們知道的，根據有用性的認知，任務定向、有動機的知覺全都被捲入丟掉某種東西的效能和勝任之中了，這種勝任被懷特定義為「有機體與其環境進行有效相互作用的能力」。為了使認知變成完全的，我已證實，它必須是超然的、無興趣的、無欲求的、無動機的。只有這樣，我們才能按照對象自己的本性，知覺到它自己客觀的、固有的特點，而不是把它抽象為「有用的東西」或「有威脅的東西」。

　　只要我們努力想去控制環境或使它產生效用，就必然會對完全、客觀、超然不干預的認知可能性造成損害，而且它們之間是相互成正比的。只要我們任其自然，我們就能完善感知。再者，根據心理治療的經驗，我們越是渴望做出診斷和行動計畫，我們所做的事就越無益。我們越是渴望治癒疾病，它就越是長期不癒。每一個精神病研究人員，都必須學會不力求治好，不變成急躁的。在這種場合以及許多其他場合，屈服就是克服，恭順就是成功。道家和禪宗佛教徒採取的這條道路，可能是因為他們在數千年前，就看到了我們心理學家剛剛才意識到的事情。

　　但最關鍵的是，我們能經常在健康人身上初步發現這種關於世界的存在認知，而且它又可以相應的作為健康的一個象徵性特徵。我也在高峰經驗（暫時的自我實現）中發現了存在認知，這就說明，甚至就與環境的健康關係說，控制、勝任、有效這些詞所提示的主動目的性已遠遠超過明智的健康概念或超越概念的需求。

可以預見，感受剝奪作為這種無意識過程的態度改變後果，對健康人引起的應該不僅僅是恐懼，而且還有愉快。也就是說，由於割斷了與外部世界的關聯，這就使內部世界進入了意識，以及由於內部世界是受健康人更多認可和享受的，所以他們應該更有可能享受感覺的剝奪。

為了更明確無誤的理解這一觀點，我要強調指出：為了真正的自我而傾向內部，這是一種「主體的生物學」，因為這必須包含一種努力，把自己體質的、氣質的、解剖的、生理的和生物化學的需求、智慧和反應，即自己生物的個體性，變成有意識的。但另一方面雖然聽起來可能是矛盾的，但也確實是體驗自己的種的特性，即人類共同性的途徑。也就是說，它是體驗我們與一切人的生物學上親密關係的方法，而不管他們有什麼外部環境。

這些關於健康理論的思考使我們清楚看到：

「我們一定不要忘記自主的自我和純粹的心靈。一定不要認為它只是適應的裝置。」

「即使是在我們處理與環境的關係時，我們必須為和平環境以及惡劣環境的受納關係提供理論的位置。」

心理學在某種程度上是生物學、社會學的分支。但是，不僅僅如此，它也有它自己特定的範圍，這就是心靈的那些不是外部世界的反映或模仿的部分。

第一章　關於選擇人生

第二章
關於心理健康

重新解讀「心理健康」

讓人不解的是，心理治療分析一直不被實驗心理學的人們所重視。作為成功的心理治療的結果，人們的理解不同了，思維不同了，學習不同了。他們的情感和動機都發生了變化。

心理治療是我們揭示出與人的表層人格強烈對比的最深刻本質的依據和最佳技巧。他們的人際關係及其對待社會的態度發生了轉變；他們的性格（或人格）無論在表面或是深層都有所改觀，甚至有證據顯示，他們的外貌變了，身體體質增強了等等；（有時）在某些病例中甚至連智商也上升了。

然而，就是在關於學習、感知、思維、動機社會心理學和生理心理學五花八門的這類著作中，心理治療法這一術語也沒有被收到索引中去。

只舉一個例子，學習理論毫無疑問至少可以說能從對於婚姻、友誼、自由交往、耐力分析、職業的成功、治療力量、學習效果的研究中獲得裨益，這還不提悲劇、創傷、衝突和痛苦。

另外，一系列同等重要有待解決的問題隨著探究僅僅作為社會關係或人際關係的一個準例，即作為社會心理學分支的心理治療關係，也被人們發現了。

我們可以描述出患者與治療者至少有三種方式彼此相連在一起，即獨斷的、平等的和放任的。而且，每種方式在不同的時候有著各種特殊的適用性。不過，準確的說，在兒童俱樂部的社會氛圍中，在催眠的方式中，在政治理論的型態中，在母子關係中以及在類人猿的種種社會組織中，這三種類型的關係均有所發現。

人格理論發展的不充分性，肯定會隨著對於治療目的與目標的任何徹底研究而暴露出來，對科學中不重視價值這一基本的科學正統信條產生疑問，揭示出關於健康、疾病、治療和治癒諸醫學觀念的局限性、清晰的展示出我們的文化依然缺少一個適用的價值體系，難怪人們一直對此避而不談。還有另外許多示例可被用以證明心理治療是普通心理學的一個重要門類。

我們可以說心理治療的進行有七種主要方式：（1）透過表露（行動、釋放、宣洩），如列維釋放療法所示。（2）透過基本需求的滿足（給予支持、擔保、保護、愛戀、尊重）。（3）透過威脅的轉移（保護，良好的社會、政治、經濟狀況）。（4）透過洞察力、知識和理解的改善。（5）透過建議或權威。（6）直接攻其病症，像在不同的治療中那樣。（7）透過肯定的自我實現、個性化或成長。

為了人格理論較一般的意圖起見，它還設立了一系列方式，按照這些方式，人格沿著文化上與精神病學上所認可的方向變化。

其中我們對追蹤治療素材與動機理論之間存在的若干內在關聯最感興趣。需求的滿足是通向全部治療的最終明確目標，即自我實現之中的重要一步（也許是最為重要的一步）。

治療肯定需要一定的人際基礎，因為只有透過他人，這些需求才有可能得到滿足。一系列基本需求（其滿足物構成了基本治療藥物，如安全、歸屬關係、愛和尊重等）只能從他人那裡獲得。

只得承認僅僅在較簡單的治療方面我才有足夠的經驗。那些主要在精神分析（較為深奧）療法方面有經驗的人很可能得出這樣一個結論 —— 重要的藥物是頓悟而不是需求滿足。

之所以如此，這是因為重病患者在他們放棄了對於自我及他人的幼稚可笑的解釋，變得能夠按照實際狀況來理解和接受個人的與人際的現實性之前，他們絕沒有可能接受或吸收基本需求的滿足。

我們如果能對這一問題展開辯論，就不難發現，頓悟療法的目的是為了使自己創造良好的人際關係及與之相適應的需求滿足。我們知道只有當這些變化付諸實現之時，頓悟才是富有成效的。

大致區分一下簡單的、短期的需求滿足治療與深奧的、長期的難度更大的頓悟治療之後，會認識到這一區分具有可觀的啟迪價值。在諸如婚姻、友誼、合作、教育這些眾多的非技術性情境之中需求滿足是可能的，這就為治療技能極大的拓展給非職業人員（非職業療法）開闢了一條理論通路。

頓悟療法顯然可以當成一個技術性問題，需要進行大量的訓練才能掌握它。對於非職業療法與技術性療法之間二分法的理論重要性的不懈追尋將顯示其多種多樣的有用性。

可以提出這樣一個大膽的觀點：雖然頓悟療法既深奧而且還含有若干的附加原則，但如果我們能從研究選擇抑制或滿足人的需求的後果出發的話，它們都能夠被人透澈理解。這和從一種或另一種精神分析（或其他頓悟療法）的研究中推導出對於短期治療的解釋這一實際情況直接對立。

後一種方法所帶來的一個副產品是在心理學理論中把心理治療法及人種成長的研究封閉起來，使其或多或少自給自足，為特定的或原來的只適用於這一領域的法則，這種情況不僅可以歸結於這樣一個事實，即在多數職業治療家所接受的是醫學訓練而不是心理學訓練，還可以歸結於這樣一個事實，即實驗心理學家們對於影響其描述人的本質這一心理治療現象的

東西出乎意料的漠視。

簡言之，我們不僅可以主張心理治療法最終必須堅實的立足於健全的普通心理學理論之上，而且還可以主張心理學理論必須拓展自身以適應這一任務。因此，我們必須從較簡單的治療現象入手，然後再過渡到討論頓悟的問題。

我們將許多事實集合起來並不可能造成一種純粹認知的心理治療理論或一種純粹的非人格心理治療理論，但是它們卻與需求滿足理論，與治療和成長的人際方法相處融洽。

心理治療存在於社會的任何形式之下。巫師、術士、巫婆、村落的年老女巫、僧侶、宗教師以及出現於西方文明中的醫生，他們有時總是能夠完成我們所謂的心理治療的。的確，透過完整戲劇性的心理病理的治癒，透過更為微妙的性格及價值紊亂的治癒，偉大的宗教領袖們已經證實了這一點。這些人為這些成就提供了各種類型的解釋，毋庸認真考慮。我們必須接受這一事實，儘管這些奇蹟能夠被付諸實踐，但是實踐卻並不知道他們完成它們的原因與方式。

始終存在著理論與實踐之間的差距。不同的心理療法派別各執己見，有時頗為激烈。然而，在足夠長的一段時期以後，臨床的心理學家偶然碰到這樣一些病人，他們接受過每一個思想流派的繼承治療從而痊癒。這樣這些病人就將成為理論的感激涕零的忠實支持者。但是每一思想流派失敗的例子也屢見不鮮。使這一問題更加令人費解的是，我見到過這樣一些病人，他們是由醫生甚至是精神病學者治癒的，而這些醫生就我所知，從未受到過可以確切稱之為心理療法方面的任何方式的任何訓練（這還不算學校教師、牧師、護士、牙醫、社會工作者等）。

我們顯然可以對這些不同的理論流派進行經驗的與科學的詰難，並且依據其有效性的大致等級排列它們。而且我們能夠收集到合適的統計資料以顯示，一種理論訓練比起另一種來所產生的治癒或成長的百分比更高。雖然沒有一種理論訓練會完全失敗或全部成功。

　　我們要認識到這一事實，治療結果的出現與理論之間並無絕對的關係。

　　就算在一個思想流派的領域之內，比如說古典佛洛伊德精神分析學派，眾所周知，分析家們普遍承認他們之間存在著極大的差別，這不僅表現在通常所界定的能力方面，還表現在單純的治療效果上。有些天才的分析家在教學與著述方面貢獻卓著，對於他們淵博的學識有口皆碑；作為教師，他們深受人們的歡迎，被人視為訓練有素的分析家，可他們就是常常無法治癒他們的病人。還有另外一些人，他們從不撰寫什麼東西，即使有所發現卻也少得可憐，可他們幾乎總是能治癒他們的病人。當然，十分清楚的是，在成為天才與治癒病人的這些能力之中存在著基本程度的確定的相互關聯。

　　歷史中有很多這樣的例子，有的思想流派大師雖然自己是最稱職的治療家，但他在傳授給學生們這種能力時卻是難上加難，而且大多數情況下不會成功。如果這僅僅是一個理論問題，一個內容問題，一個知識問題，如果治療家的人種毫無差別，那麼，如果學生與老師同樣聰明、同樣勤奮的話，最終學生們就會做得和老師一樣出色，而且極可能超過他們的老師。

　　有一種普遍的經驗適合於任何類型的治療家。第一次見到病人，與他談論一些表面的細節，如步驟、治療時間等等，第二次接觸的時候叫他匯

報或說明一下進展情況。從公開的言行這一角度看，這一結果絕對很難想像。

有的治療結果無須治療家開口便會出現。在一個例子中，一位女大學生希望得到關於個人問題的忠告。一小時之後（在這一小時裡她喋喋不休的說，我則保持沉默），她心滿意足的決定了這個問題，對我的忠告深表謝意，然後離去了。

對於年輕患者或是並不太嚴重的病例中，日常生活的主要經驗就會起治療作用，這是就治療作用這一術語的全部含義而言的。良好的婚姻，工作愉快成功，發展良好的友誼，有了孩子，面對緊急情況，克服困難──我曾經偶然發現所有這一切在沒有治療家幫助的情況下竟產生了深刻的性格變化，根除了病症等等。事實上，有理由這樣認為：基本的治療力量中包括良好的生活環境而且職業心理治療只有一個任務，那就是使個體能夠利用它們。

好多精神分析家看到治療的效果進展是在他人分析的間歇以及分析完成之後。

治療家還注意到，在接受治療者的妻子中，有丈夫相伴隨的進展中將會很快發現成功療法的跡象。

現實中的一些特殊情形深具諷刺意味，那些從未受過專業的治療訓練或未熟練的人卻親自應付或至少是控制著絕大多數的病例。我個人在這一領域裡的切身體會就是最好的說明，而在心理學領域以及其他領域裡有此體會的一定大有人在。

有些從事心理學研究的學生所受訓練極其有限，甚至到了貧乏的程度。這些學生完全是由於熱愛人類，希望理解並幫助人類才步入心理學，

他們發現自己被帶進了一個特定的近乎迷狂的氛圍之中，在這種氛圍裡，他們的大量時間都花在感官現象上，條件反射的細節上，無謂的音節上，小白鼠走迷宮的遊戲上，不過一種比較有用但從哲學角度講依然有限的樸素的實驗方法與統計（學）方法的訓練相伴而生。

心理學家是外行人眼中的心理學家，是生活的指路燈，他知道為什麼會發生離婚，為什麼會滋生仇恨，為什麼有人會變成神經病，他需要經常集中精力去應付這類問題。這一點對於那些從未見到過精神病學者並且從未聽到過精神分析法的小城鎮說來尤為真實。唯一可以取代一位心理學家的是一個受人敬仰的姑媽、家庭醫生或牧師。這樣也就有可能安撫一下未受過訓練的心理學家不安的良心，他也就能夠靜下心來投入必要的訓練了。

令年輕的心理學家們驚訝的是，這些探索性努力竟然可以奏效。他對失敗早已做了足夠充分的準備，失敗自然常常難免，但是對於那些他未抱希望的成功做何解釋呢？

還有一些更出乎意料的經歷。在從事各式各樣的研究過程中，我不得不收集實質的、詳細的各類型人格的病例史，按照我的訓練情況，我完全是出於偶然的治癒了我正致力探究的那種人格扭曲。

還曾經發生過這樣的事情。當一個學生詢問我一般的忠告時，我就建議他去試試職業心理療法並且解釋說為什麼我認為是必要的，他的毛病究竟出在哪裡，解釋一下心理學疾病的真相等等。有時，單單這一點就足以消除現存的病症。

非專業人員比職業治療者這類現象更為常見。實際上，應該意識到有些精神學者只不過不情願相信關於這類事情的報導罷了。然而這很容易核對，很容易證實，因為在心理學家中，在社會工作者中，這類經驗十分普

遍，這還不算牧師、教師與醫生。

　　只有依靠動機的、人際的理論，我們才能理解這些現象。顯然有必要注意無意識的行為與無意識的領悟，而不是強調有意識的言行。列舉的所有病例中，治療者的興趣集中於患者，他關心他，試圖幫助他，由此他向患者證明至少他在一個人的心目中是有價值的。由於在所有病例中，治療者都被理解成這樣一個人：更聰明、更年長、更強壯或者更健康，病人也就能夠感到更加安全，感到有所依託，從而就變得不那麼脆弱、不那麼焦慮了。樂於傾聽，減少（免於）訓斥，鼓勵坦率，甚至在罪惡披露後接受與認可，溫柔慈祥，使病人感覺到有堅強的後盾可依，所有這些再加上上面列舉的因素有助於在患者內心產生一種被人所愛、被人保護、被人尊重的無意識認識。所有這些都是基本需求的滿足。

　　比起單單借助於已知過程的解釋來看，如果我們能予以基本需求滿足以更大的意義，從而對人所熟知的治療的決定因素有所補充的話，則這種解釋要廣泛得多。有些治療現象是與這些滿足同時出現的，這也許是較輕的病例。另一些較重的病例僅僅透過更為複雜的治療技術就可得到充分的解釋，如果再加上順理成章的出自於良好人際關係的基本需求滿足這一決定因素，那麼它也就會得到更加充分的理解了。

良好人倫關係

　　基本需求只能在人際間得到滿足，這是透過對於友誼、婚姻等等的人際關係的最科學分析得到的結論。這些需求的滿足準確的說就是那些我們已經稱作基本滿足物的東西，即，安全的給予，愛，相屬關係，價值感與自尊。

我們在分析人的關係的過程中，不得不對良好關係與不良關係的必要性與可能性進行區分。這一區分可以在人際關係所帶來的基本需求的滿足的程度之上，富於成果的實現。一種關係（如友誼、婚姻、家長、孩子之間的關係）將被（按照十分有限的方式）界定為心理學意義上的良好關係，其良好程度於它扶持或增進相屬關係、安全與自尊（最終是自我實現）；以及不良關係，其不良性在於沒有任何的扶持或增進。

山川、叢林甚至動物都不能滿足這些。只有從他人那裡，我們才能夠得到完全理想的尊敬、保護與愛，也只有面對他人，我們才能全心全意的奉獻這一切。而這一切恰恰發現是我們的融洽的朋友、融洽的情侶、融洽的父母子女、融洽的教師與學生所彼此給予的。我們從各種類型的良好人倫關係中追求的恰恰就是這些滿足。恰恰是這些需求的滿足成為產生優秀人才的絕對必要的先決條件，而它反過來又是全部心理療法的最終目標（如果不是直接的目標的話）。

由此我們得出的總結推論是：從根本上說，心理療法不是一種唯一的關係，因為它的一些最基本的物質在所有「良好」的人倫關係中都可以找到。假如心理療法從心理療法的本質是良好或不良人際關係討論的觀點成立的話，它的這一側面肯定會引起更大的重視。

如果能夠仔細剖析一下作為我們良好人際關係範例的良好友誼的話，我們發現它們所提供的滿足物要比我們所說的那些東西多得多。相互間的坦率、信任、誠實、缺少敵意都可以被看作是除去其表面之外尚具有（附帶）的表露性、宣洩性的釋放價值。一種健全的友誼也允許表現出大量的服從、鬆懈、幼稚和愚蠢，因為如果不存在任何危險，並且別人所愛所尊敬的是我們自己而不是我們的勇氣或作用，我們就能還我們的本來面目，感到軟弱的時候正好是軟弱，感到迷惘的時候得到保護，希望推卸成人義

務時變得天真幼稚。

此外，即使是在佛洛伊德的意義上說，一種真正良好的關係也能增進頓悟，因為一位好友或者丈夫會十分慷慨的為我們所考慮的問題提供分析性解釋的等價物。

我們對於可以籠統的稱之為良好人倫關係的教育價值的東西，一直讀得很少。我們的欲望不僅僅在於求得安全、被人所愛，還在於不斷的求知，充滿好奇，揭開面紗，敞開心靈。此外，對於我們架構世界，深刻理解世界，使世界賦於意義的基本哲學衝動，我們也不得不加以認真對待。只要良好的友誼或長幼關係在這方面提供出更多的東西來，就會或應該在某種特定程度上實現於良好的治療關係中。

我們完全可以就這一明顯事實（因此而被忽略了）說幾句話，即愛與被愛具有同樣大的幸福感。但是現實中，愛的公開衝動被當作性的與充滿敵意的衝動而被嚴加禁止 —— 或許更有甚者。在極少幾種關係中，也許只在這樣三種類型的關係中我們才被允許公開表示愛慕之情：家長與孩子之間，爺孫輩之間，已婚者和情侶之間。我們知道即使是在這些關係中，它們也會讓人很容易感到受壓抑，並且混雜著尷尬、犯罪感、敵視、發生作用、為支配地位而爭鬥等等。

鼓勵愛與情感衝動在強調治療關係中只發表過極少的言論。只有在這裡（也在各種「人格完善」小組中）它們才被視為理所當然的東西，符合人們理想的東西；只有在這裡，它們才被努力清除了不健康的雜質，得到了淨化，發揮出最好的作用。這類事實準確無誤的說明有必要重新評估佛洛伊德關於移情與反移情的觀點。這些來自於疾病研究的觀點在涉及健康時受到了很大的局限。它們必須加以擴充，把健全的與不健全的、理性的與非理性的通通包括進去。

至少可以指出三種不同性質的人倫關係：支配與從屬的；平等相待的；疏遠或任其擺布的。這些關係連同治療者與患者關係已被大量的說明過了。

治療者可以把是看作其患者的主動的、起決定作用的、掌管一切的上司或者他可以作為一項共同任務的參與者與患者相連在一起，或者他也可以把自己變為患者面前的一面冷靜的、毫無感情的鏡子，永不參與，永不帶有（人為）人性的接近、永遠保持分離。最後這一類型是佛洛伊德介紹的，但另外兩種類型儘管正式些，實際上更加普遍，它們是唯一適用於正常人的情感的象徵，因為精神分析的對象是反移情的，即非理性的、病態的。

正如水是魚賴以生存並能從其中找到其所需之物的媒介一樣，如果治療者是患者得以獲得他的必要治療所需物的媒介，那麼考慮這種關係時必須從什麼樣的媒介最適合什麼樣的患者而不是從性質的角度。我們必須防止僅僅選擇一種媒介作為研究對象，而把其他媒介一概排斥在外的作法。在優秀治療者的治療方法中，要說發現不了所有這三類媒介以及其他尚未發現的媒介，那簡直讓人難以理解。

至此可以推斷，普通患者將順利成長在一種溫暖、友愛、民主的夥伴關係中。但是，對於患者而言並非最佳的氣氛太多了，根本不允許我們把它變為規則。對於較為嚴重的慢性穩定性精神病病例說來這點尤為真實。

絕不能讓那些將仁慈視為軟弱的支配性較強的人任意滋長對治療者的輕視。嚴格的控制、明確的限制隨意性對於患者最終的獲益將是必要的。一些專家們在討論治療關係的局限性時特別強調了這一點。

另一些人出於情感視為圈套或陷阱的憂慮，因而不能離群索居，否則就會害怕一切。深藏的罪惡感「要求」懲罰。輕率的、自我危害的東西需

要確定的命令使其免遭難以挽回的自我傷害。

治療者應時刻清醒的認識到他與患者之間的關係，在這一點上不允許有什麼例外。毫無疑問的是，由於他自己的性格原因，他會自我的傾向於一種類型而不是另一種類型，但是就其患者的利益考慮，他應該能夠控制自己。

無論是從整體還是從個體出發，對任何病例而言，如果處理不好這種關係，那就無法設想心理療法的其他任何資源會產生什麼效力。這點大致成立，因為這樣一種關係永遠不會被輕易進入也不會被輕易打破。然而縱使患者是與他所深惡痛絕的人或者是與對他抱有憂慮的人待在一起，也根本用不著浪費時間去自我防衛、挑釁以及企圖激怒治療者作為自己主要目標。

總之，即使一種理想化的人倫關係的構成本身並不是目的而僅僅是達到目的的方法，但是它仍然必須被看作是心理療法的必要的先決條件，因為它通常就是配製全人類所需的基本心理藥物的最佳媒介。

這一觀點尚有另外一些有趣的含意。如果為病人提供那些他本來完全應該是得自於良好人倫關係的特質就是心理療法的最終本質，那就意味著心理學上的病人是從未與他人建立過良好關係的人。這與我們前面把病人界定為一個沒有得到足夠的愛、尊敬等等的人的定義並不相悖，因為他只能從他人那裡得到這一切。這麼一來儘管這些定義似乎成了同義反覆，但是每一個定義都把我們向不同的方向引導，使我們得以領略治療的不同側面。

為心理治療關係提供了另一種解釋，這是為疾病所下的第二個定義產生的後果。心理治療關係被大部分人看成是沒有辦法的措施，最後的援

兵，因為大致說來只有病人才進入這種關係之中。它也就逐漸被人認為，甚至是被治療者本人認為不過是像外科手術那樣詭祕的、變態的、反常的，一種不幸的必要之物。

顯然，這種態度絕不同於人們進入像婚姻、友誼或伴侶關係等有益情況。但從理論上講，心理療法類似於友誼，正如它類似於外科手術一樣。那麼就應該把它看作一種健康的、令人夢想的關係，甚至是某種程度或某些方面人類理想關係類型之一。從理論上說，人們應當盼望它，迫切占有它。這就是從以上的思考中應該得到的推斷。然而事實上，我們知道這並不是常情。當然這一矛盾被很好的意識到了，但是它一定沒有被精神病人固執的拘泥於病患的必然性加以完全的解釋。不僅患者而且許多治療者肯定都是用對於治療關係本質的誤解來解釋它的。我發現當解釋透過上述途徑交代給潛在患者的時候，他們更樂於進入治療之中。

可能描述為技巧訓練的療法諸層面中的一個層面，是療法的人際界定的另一後果，這些技巧訓練是：建立良好的人倫關係（慢性精神病患者不經特殊幫助無濟於事）；證明這點具有可能性；以及發現它是令人愉快的和富於成果的。那麼也就可以期待透過訓練的轉化他就能夠與他人形成穩固深厚的良好友誼。可以推測，他就會像我們大家一樣，從我們的友誼中，從孩子中，從妻子或丈夫中，從我們的同事中，得到所有必要的心理藥物。從這一觀點看，療法還可以以另一方式界定，即，它使患者有所準備以便獨自建立令人嚮往的良好人倫關係，在這種關係中相對健康的人能夠得到他們所需的許多心理藥物。

在理想的關係中，患者與治療者應彼此選擇，而且這一選擇應超越名譽、金錢、技能和技巧訓練，進而建立在普遍的人類互愛之上。這一點很容易在邏輯上得到闡明：它至少會縮短治療的必要時間，使它對患者和治

療者說來顯得更容易，更有可能達到理想的治癒，使全部經驗對兩者都有裨益。這一結論的其他必然的結果將是從理想上說兩者的背景、智力水準、經驗、宗教、政治、價值觀等應當更為接近。

現在一定要搞清楚了，治療者的人格或性格結構即使不是至為重要的問題，也必定是一個值得重視的問題。他必須是這樣一個人：能夠輕鬆的進入心理療法的理想的良好人倫關係之中。還有，他必須能夠對各式各樣的人，甚至與所有的人做到這一點。他必須和善、充滿同情心，他必須是能夠有把握的給予他人尊敬。就心理學意義而言，他就本質上是一個平等待人的人，即他以尊敬的態度看待他人只是由於他們是人，是具有獨立人性的人。一言以蔽之，他在感情上應該是可靠的，他應當具有健康的自尊。

此外，他的生活狀況就理想上達到這樣的良好程度致使他不再為個人問題所困擾。他應當是婚姻幸福、手頭寬裕、廣交良友、熱愛生活，一般說來能夠過得愉快。

綜上所述，我們可以很好的揭開這一被精神分析者過早封閉的問題，即正式療法期限結束後，治療者與患者間一系列的社會性接觸也被關閉了，這一點甚至發生於它們正在進行的過程之中。

潛在的無意識治療者

從邏輯上講，我們已致力於打破那些阻擋心理療法滲入他人關係與生活事件的封鎖，因為我們已擴充並描述了心理療法的最終目標及使它產生的特殊藥物。存在於普通個人的生活之中幫助他向著上述心理療法的終極

目標前進的那些事件與那些關係可以被恰如其分的稱作是產生心理療法作用的，就算這是非專業的，並沒有受益於職業治療者。

可見，心理療法研究的一個課題是探究良好的婚姻、良好的友誼、良好的父母、良好的工作、良好的教師等所帶來的日常奇蹟。從這種看法中直接產生的原理是，當患者能夠接受和控制治療關係時，技術療法應該更依賴於引導患者進入這些關係中去。

與職業者不同，我們無須擔心交付給業餘者保護、愛與對他人的尊敬這樣一些重要的治療工具。儘管它們自然是極具威力的工作，但絕不因此成為危險的工具。我們可以認為在通常情況下我們愛某人、尊敬某人但絕不可能傷害他（除非偶然的精神病患者無論如何其病情已經極不景氣了）。如此期待是正當的，關心、愛與尊敬這些力量幾乎永遠只會帶來好處不會帶來害處。

接受了這點，我們就有理由確信不僅每一個普遍人是潛在的無意識的治療者，而且我們還必須接受這一推論，應該認可它、鼓勵它、普及它。至少這些可以被我們稱之為非職業心理療法的基本要素的東西能夠名揚天下。大眾心理療法（運用大眾健康與個人藥物之間對比的相似性）的一個清楚的任務即是將這些事實傳授別人及散播與世間，肯定每一位教師、每一位患者、理想中的每一個人都有機會理解它們、運用它們。人們總是到他們所尊敬、所愛慕的人那裡尋求忠告與幫助。心理學家、宗教家們也就沒有理由不使這一歷史現象程序化、理論化、並宏揚到普遍性的程度。願人人都清楚的意識到每當他們恫嚇他人或沒有必要的侮辱傷害或者擺布、排斥他人的時候，他們就成了心理學的創發力量，即使這些力量是微不足道的。希望、善良、有益、正派、心理學上的民主、慈愛以及勇敢這些心理治療的力量能夠深入每一個人的心裡。

恐怖不是來自於他人

我們討論一下與良好人倫關係等同的良好社會關係的定義和內涵。這一社會是把成為健全的、自我實現的人的最大可能性提供給他的成員，反過來就意味著良好。依如下方式建立起制度上的契約安排的一個社會，它扶植、鼓勵、幫助、產生最大限度的良好人倫關係以及最小限度的不良人倫關係。

從前面的定義與說明導出的必然結論是良好社會與心理學上的健康社會是同義的，而不良社會與心理學上的病態是同義的，反過來也就分別意味著基本需求的滿足與基本需求的阻撓，即不充分的愛、情感、保護、尊敬、信任、真實與過多的敵意、侮辱、恐懼、輕視與駕馭。

尤其應說明，治療的或者病理的後果是由社會的壓力與制度的壓力造成的，使更大的、基本的及次要的收益變得更加容易、更加有利、更加可能。它們並非絕對的「決定其命運」，或者使其絕對真實。我們對於簡單的與複雜的社會中的人格範圍了解得夠多了，從另一方面尊重人性的可塑性與彈性，另一方面尊重少有的個人中業已成型的性格結構的特別頑固性，這使得他們有可能抵抗甚至蔑視社會壓力。

人類學家似乎總是能夠在殘酷的社會中發現善良之人，在太平的社會中發現好戰之徒。我們足以明白不能像盧梭（Rousseau）那樣依據社會契約來責難全部人類的罪惡，我們可以以不同的觀點審視它而它們對於不同的意圖均有裨益。

舉例來說我們可以為我們的社會或者任何其他一個社會折衷一下，把它稱作十分病態的、極其病態的等等。我更看重的是測量與平衡彼此對立

的病態培養力量與健康培養力量。隨著控制忽而轉向一套力量、忽而又轉向另一套力量，社會明顯的具有兩種不穩定平衡的搖擺不定性。這些力量得不到測度與實驗是沒有道理可言的。

文化的主觀闡釋是我們拋開上述一般觀點而轉向個人心理學問題時首先碰到的實際性問題。按照這一觀點，對於這一精神病患者而言，社會也是病態的，因為他在其中領略到太多的危險、恐怖、攻擊、自私、侮辱與冷漠。當然可以理解當他的鄰人審視同一個文化、同一人群時，他也許發現社會是健康的。從心理學上講，這些結論並不彼此矛盾，它們可以在心理學層面上同時並存。

由此可以得出，每一個病情頗重的人都生活在一個病態社會之中。把這一論述與我們前面關於心理療法關係的討論結合起來看所得出的結論是：療法可以被當作一種建立小規模良好社會的企圖。這一描述同樣適用於社會上大多數成員都主觀上產生病態時。

心理療法從理論上講意味著對抗一個病態社會中的基本壓力。或更概括的講，無論一個基本的健康或病態的程度如何，治療意味著在個人層面上與那個產生病態的力量進行搏鬥。可以這麼說，在基本的認識論意義上，它試圖扭轉潮流、從內部瓦解、表現出革命性或徹底性。那麼，每一個心理治療者應該在小範圍內而不是大範圍內與社會中的心理病理的遺傳力量進行抗爭。

如果將心理療法大力推廣開來，心理治療者每年就有千百萬個求助者，那顯然這些與社會本質牴觸的微小力量將會變得強大起來，那麼社會的變革是不言而喻的。首先，變化將偶爾的出現在關於熱情、慷慨、友好諸如此類特質的人倫關係的溫馨之中。當足夠多的人們變得更加大方、更

加慷慨、更加善良、更加合群的時候，那麼我們可以放心，他們也必將影響法律的、政治的、經濟的以及社會的變化。或許學習小組、交友小組以及許多其他類型的「人格完善」小組與流派的迅速推廣可以對社會產生強大影響。

無論是多麼良好的社會，似乎沒有一個能夠完全排除病態，如果恐怖不是來自於其他人，那它們也總會來自於自然，來自於死亡，來自於疾病，甚至來自於這個單一的事實──來自於社會之中，儘管這會對我們有利，但我們也有必要修正滿足我們欲望的方式。我們也不敢忘記人類自身即使不從天生的惡念中也會從無知、愚蠢、恐懼、誤傳、笨拙中釀出罪惡來。

這一套相互關係極其複雜從而極易被誤解，至少它對人們的誤解是一種誘導。也許用不著我就能夠防備這點。我只是提請讀者看一下我在論及烏托邦的心理學的討論課時為學生們準備的論文就夠了。它強調了經驗的、實際上可以獲得的東西（而不是不可修理及幻想的東西），並且堅持不斷深化的表述而不是非此即彼的表述。這一任務被如下問題結構化了：人性所允許的社會良好狀況如何？社會的所允許的人性的良好狀況如何？考慮到我們已知的內在的人性局限性，我們能夠期待的人性的良好狀況如何？從社會自身固有的困難角度看，我們所能奢望的社會的良好狀況如何？

完美無缺的人是現實中不可能存在的，但我認為，人類比起人們所想像的具有更大的可塑性。至於完善的社會，在我看來這是無法實現的希望，特別是當我們見這樣明顯的事實的時候，甚至造成一種美滿的婚姻、友誼或長幼關係也幾乎沒了可能。如果純潔的愛在兩人中間、家庭中間、人群中間都可以得到，那麼對於人來說將會多麼困難？對於 30 億人呢？

顯然，兩人、群體和社會儘管無法完善，但它們是可以改進的，可以依好壞等級排列起來。

另外我們了解了很多改進兩者、群組與社會以便排除異常變化的可能性。改進個人可能是數年治療工作的問題，甚至「進步」的主要方面竟是允許他從事終身改造自己的任務。迅速的自我實現，這在轉變、頓悟或覺醒的偉大瞬間確有發生，但這不過是特殊現象，並不應當期望太深。精神分析者早就學會了不去僅僅依賴於頓悟，但現在卻強調「力爭透過」冗長的、緩慢的、痛苦的、重複的努力利用和動用頓悟。在東方，精神啟悟者和引導者經常也會支持這一論點，即改善自身是一種畢生的努力。現在，學習小組、基礎交友小組、人格完善小組，有效教育等領導者中的那些豐富於思想和更為清醒的人們漸漸意識到了這一教訓，這些人現在正獻身於揚棄自我實現的「強刺激」理論的痛苦歷程中。

如上所述，這一領域中所有的系統闡述顯然是持續深化的表述。普通社會越是健康，個體心理治療也就越沒有必要，因為只有極少數的才是病態的。普通社會越是健康，患者也就越有可能在沒有技術療法的介入之下透過良好的生活經驗得到幫助或者治癒。普通社會越是健康，治療者也就越是容易治癒他的患者，因為對患者來說簡單的滿足療法是極可能被接受的。普通社會越是健康，頓悟療法治癒也就越是容易，因為有足夠多的東西來扶持。良好的生活經驗、良好的友誼等等同時伴隨著戰爭、失業、貧困以及其他社會病理誘發影響的相對減弱直至消失。顯而易見，這類易於試驗的若干定理是完全成立的。

這樣一些關於個人疾病、個體療法與社會本質之間相互關係的描述有可能幫助解決這一常常表述出來的悲觀主義問題：「在最初產生病態健康的病態社會中健康或健康的改善怎麼可能呢？」這種兩難推理中所暗含的

悲觀論調與自我實現者的出現，與心理療法的存在（心理療法透過現實的存在說明了它的可能性）是相互矛盾的。就算這樣，只要把這一完整的問題向研究敞開的話，它也有助於提供一種如何成為可能的理論。

必要的頓悟療法

從需求滿足中獲得裨益的可能性隨著病情的加重而減小。為有利於精神病需求滿足，當基本需求滿足被人放棄之後，它們經常甚至得不到人們的追求與渴望；即使它們被提供出來，患者也無法利用它們。從上述這一連續整體中得出一個論點：為患者提供憐憫於事無補，因為他害怕它、不相信它、誤解它，最終拒絕它。

頓悟療法就這一點而言不僅是必要的而且是唯一的。別的療法都不頂用，建議不行，宣洩不行，病症治癒不行，基本滿足不行。因此，超越這一點我們可以說步入了另一個天地，那是一個被其自身法制所統轄的地方，在這裡所討論的全部原理若是不經修改或限定便不再運用了。

技術療法與非職業療法之間有著極大的、重要的區別，我們在它的早期並未為它添加任何東西。然而後來必須這麼做，因為從佛洛伊德、阿德勒等人的革命性發現開始，心理學發展正將心理療法從一種無意識的技巧轉變為一種有意為之的應用科學。而且存在著一些適用的心理治療工具，但它們並未自動的適用於良好的個人的，它們僅僅適用於那些智力超群再接受過如何使用這些新技巧的嚴格訓練的人。它們是人為的技巧，不是自然的或無意識的技巧。在某種程度上它們可以不借助於心理治療者的性格結構而被傳授。

我只談一談這些技巧當中最為重要、最具革命性的，即，使患者產生

頓悟，也就是說努力使他的無意識的欲望、衝動、禁錮、思想對他說來成為有用的（發生分析、性格分析、牴觸分析、移情分析）。主要是這一工具使得具備必要良好人格的職業心理治療者比起只具備良好人格卻沒有職業技術的人來大占優勢。

造成頓悟的技巧似乎始終沒有超出佛洛伊德的理論之外。自由聯想、夢境解析、日常行為意義的闡釋是治療者幫助患者獲得意識頓悟的重要途徑。還可以任意舉出一些可能性但都是一些次要方面。導致某種方式的人並利用這一分離的鬆弛技巧以及各種技巧並不比所謂的佛洛伊德技巧更加重要，縱使它曾被更好的運用過。

其實，任何一個智力正常的人都可以得到這些技巧，只要他能夠在一定的範圍內，接受精神病學與心理分析學的理論與實踐方面的適當訓練課程。沒錯，正如我們認為的那樣，在使用它們的功效方面存在著個人的差異。從事頓悟療法的一些學者比起另一些學者來具有更好的直覺。我們可以看到被我們歸為良好人格的那類人比起沒有具備這類人格的人來將會更為有效的適用它們，所有的精神分析學院都包括對學生的人格要求。

能夠意識到心理治療者自我理解的必要性，這是另一個佛洛伊德給予我們的偉大發現。當治療者的這種頓悟的必要性被精神分析家承認的時候，持另一種見解的心理治療者們尚未正式承認這是一個錯誤。從這裡描述的理論中得出，使得治療者的人格變得更好的任何力量因而也會把他變成一個更好的治療者，精神分析或治療者其他深刻的療法能夠有助於這點。即使有時它沒能完全治癒，那它至少可以使治療者意識到那些可能成為他的東西，意識到他內心之中衝突與受挫的根源。結果，當他與患者交流的時候，他就能夠忽略自身的這些力量，並且調整它們。由於總是意識到它們，他就能夠用理智來控制它們。

　　治療者的性格結構曾經是比他所學的任何理論及他所運用的意識技巧都更重要的因素。但是這種重要性一定會變得越來越小，因為技術療法變得越來越複雜了。出色的心理治療者的性格結構的重要性已經漸漸削弱，這種情況會愈來愈明顯，而他的訓練、他的才華、他的技巧、他的理論已經逐步變得越來越重要了，盡可以放心，將來有一天它們會成為決定因素。我們曾稱讚過心理療法的這些技巧是出於這些簡單的原因：首先是過去這些技巧只有心理治療者可以獲得，其次是因為在我們稱之為非職業心理療法的領域裡它們永遠都有用武之地。靠拋擲硬幣來決定是否去找牧師或是精神分析者不再是理智恰當的了。高明的職業心理治療者把直覺手法遠遠拋在了後面。

　　我們看到改善後，職業心理治療者不會被利用來服務於消除擔憂、給予支持及其他需求滿足的意圖，因為我們將從非同伴中得到這一切。一個人將為簡單滿足療法或釋放療法無能為力的疾病而來，而這些疾病只有那些不是被外行所運用的職業技巧才容易接近。

　　從上述理論中卻有可能推導出一個自相矛盾的結論，假如療法能對相對健康的人們起作用，那就可能使技術療法重點針對最健康的人。這已經在很大程度上發生改變了，經驗豐富的心理分析者以及存在分析者們的大部分時間被占用來訓練、教育以及分析年輕的治療者、教育醫生、社會工作者，心理學家、護士、牧師和教師對於一個治療者來說已經習以為常了。

　　我認為在暫時放開頓悟療法這一主題之前，有必要將它與需求滿足之間隱含的二分法分辨一下。純粹的認知或理性主義的頓悟（冷靜的，不帶情感的認識）是一回事；機體的頓悟是另一回事。佛洛伊德學派有時談到的徹悟就是承認這一事實：僅僅對於基本病症的認識，甚至再加上對於病源的認識以及對於它們在當今心理機構中能起作用的認識，本身常常是不

具療效的。同時不應該有情感的體驗，經驗的真實再現，宣洩以及反作用。也就是說，徹悟不僅僅是一種認知體驗，也是一種情感體驗。

頓悟通常是意動的，需求得到滿足或受到挫折的體驗，是真實的體驗到被人所愛、所遺棄、所鄙夷、所排斥或所保護，這是一種更有趣的論題。分析家所謂的情感最好被看作是對於實現的反應，比如，父親真心愛他是把他當作夢幻的復活了一個 20 歲年輕人的經驗（受壓抑、或者被曲解至今）的人，或者透過切實的經歷、恰當的情感體驗，他猛然意識到他原來一直對自己鍾愛的母親心存恨意。

我們稱這種認知的、情感的和意動的成分同時並存的豐富經驗為機體的頓悟。但是假設我們一直在致力於主要研究情感的體驗。我們必須不斷的拓展這一經驗以便容納妥協成分，我們最終應當發現我們是在談論機體的或整體論的情感等等。對於意動經驗來說也是這樣，它也將拓展到全體有機體的非機能經驗。最後一步將是意識到除了研究者方法的角度不同外部機體頓悟、機體情感和機體意動之間並沒有什麼差別，並且最初的二分法將被輕易的視作過於拘泥於原子論從而無法達到主題的人為之物。

自我療法的潛力和局限性

自我療法與人們通常所意識到的相比而言，從理論上具有更大的可行性同時又具有更大的局限性。如果每一個人都學會理解他缺少了什麼，學會他的基本欲望是什麼，大致學會說明缺少這些基本欲望的滿足的症狀，那麼他就可以有意識的著手嘗試著補償這些匱乏。

我們完全可以說，按照這一理論，大多數人在自己的力量範圍之內比

起他們所意識到的更有可能自我治癒在普遍存在的大量的輕微失調。愛、安全、歸屬關係、尊重他人幾乎成了對付情境紊亂甚至是對付某些輕微性格紊亂的靈丹妙藥。

如果一個人明白他應該擁有愛、尊敬、自尊等，他就能夠有意識的把它們尋覓到。當然有意識的尋覓到它們會比試圖無意識的補償它們的匱乏來得更好、更富於成效。

即使許多人已經獲得了這種能力，使他們能比一般人在更大程度上能夠自我治療，他們也仍舊有很多需要向職業人員請教的問題。

首先，在嚴重的性格紊亂或存在性神經病方面，清晰的理解產生、誘發或維持意動力量是很必要的，此後對於病人的治療才能超越單純的改善效果。正是在這裡造成意識頓悟所必需的全部工具必須得到運用。沒有其他東西可以替換這些工具而只有受到過職業訓練的治療者才能運用它們。

就永遠治癒而言，一旦一個病例被認為是嚴重的了，那麼來自於外行、來自於迷信的幫助就會變得毫無用處。這是自我療法的基本局限性所在。

自從這一觀點最初被表述以來，關於自我療法方面的有趣著作已出現了。他們的主張是：個體自身的努力能夠逐漸達到職業分析家所達到的頓悟，但卻不是那一層次的頓悟。這一點並沒有遭到大多數分析者的否定，但被認為是不現實的，因為那樣做就得需要病人具有超常的努力、耐心、勇氣以及堅持不懈。

我相信，對於許多論及人格完善的著作來說，同樣的情形也是真實的。它們當然可能是會有所助益的，但沒有職業者或是「導師」、宗教領袖、嚮導等的幫助，人們絕不應該依賴它們以期產生極大的改觀。

十人理想社會的縮影

能夠使小組療法獲得更大的尊重是我們心理治療方法的最終含意。我們大量的強調過這一事實，即心理治療與人格完善是一種人際關係。

基於前面的原因，我們應當感覺到把一對人擴充為一個更大的團體，很可能會大獲裨益。如果普通療法可以被想像成二人理想社會的縮影，那麼小組療法就可以被想像成 10 人理想社會的縮影。

我們已經具有試驗小組療法的強烈動機了，也就是說，節省金錢與時間以及使得心理治療對越來越多的患者具有更加廣泛的可能性。

但除此以外，我們目前的經驗資料顯示小組療法與學習小組可以做到個體心理療法所做不到的事情。我們已經知道當患者發現小組的其他成員是同病相憐時，發現他們的目標、他們的衝突、他們的滿足與不滿，他們的潛在衝動與思想在社會中可能已經是十分普遍的時候，他們也就易拋棄單一感、孤獨感、犯罪感或罪惡感。這就削弱了這些潛在的衝突與衝動誘發精神疾病的力量。

在治療的實際實踐中暴露出另一個期待，患者在個人心理治療中至少要與治療者建立良好的人際關係，那麼人們也就希望他能夠將這一能力發展到一般社會生活中去。他常常可以奏效，但有時卻也無能為力。在小組療法中，他不僅學習如何與至少一人建立這種良好關係，而且在治療者的監督下，開始與整整一組其他的人一起實踐這一能力。一般說來，實驗的結果已經得到了，儘管不會太輝煌，卻無疑是令人鼓舞的。

我們急於進行更多的小組心理療法的研究的原因，恰恰因為這種經驗的資料及理論的推論，這不僅僅因為它是技術心理療法頗有前途的先導

者，而且還因為它肯定會教給我們許多普通心理學理論方面的知識，甚至是關於廣義社會理論方面的知識。

所有的小組療法都是這種情況，無論是學習小組、基礎交友小組、敏感度訓練，還是人格完善小組、有效教育研究班和實驗班。儘管程序不同，但可以認為它們都具有所有治療者相同的遙遠目標，即自我實現，充滿人性，更加充分的利用種屬與個人的潛力等等。像任何一種心理療法一樣，到了稱職者手裡它們就會創造出奇蹟來。

然而，我們也有足夠的經驗可以理解在非專業者控制下，它們會無濟於事或者帶來危害，因此需要更多的研究。這一結論自然不是令人驚奇的，因為完全同樣的結論對於外科醫生以及其他所有的職業者說來同樣真實。我們尚未解決這一問題：一個外行或非職業者如何能夠選擇頗具能力的治療者（或內科醫生、牙醫、宗教師、啟蒙者、教師）避免選擇能力平庸的人。

病態不僅是溝通的普遍切斷

首先，應該搞清楚這裡所指的內部溝通的失敗是什麼意思。從根本上說，最簡單的例子是人格的分裂，而通常其中最富戲劇性、最熟知的是多重人格。

凡是能夠找到的這一類病歷我都進行了審查，包括幾例我曾親身接觸的，連帶審查了不那麼帶戲劇性的神遊和健忘症。在我看來，它們都落入一個一般的模式，我能作為一種初步的普遍的理論表達出來，它對我們現在的研究會有些效用，因為它能說明我們所有人的某些內部分裂問題。

在我所知的每一例中，那個突然爆發進入意識並控制全身的「人格」是衝動性的而不是有控制的，放縱自己而不是克制自己，大膽、粗魯而不羞怯，藐視習俗，熱衷於享樂，侵犯他人、要求他人為自己服務，不成熟。

在我所知的每一例中，具有「正常的」或外現的人格的人是一種羞怯的或安靜的或含蓄的人，往往多為女性，因循慣例並有控制，謙恭甚至能克制自己，不侵犯別人，「善良」，但往往膽小怕事，並容易受欺。

很顯然，這是一種比較不極端形式出現的分裂現象，而且我們在所有人當中都能看到這一點。這是衝動和控制、個人要求和社會要求、不成熟和成熟、不負責任的尋歡作樂和承擔責任等等之間的內部衝突。我們既在成為惡作劇的小淘氣鬼，又在成為清醒、負責、能控制衝動的公民。

在這些方面我們能獲得多大程度的成功，我們也就能在怎樣的程度上減少分裂和更加整合。順便說，這也是對多重人格理想治療的目標：保留兩種或全部人格，但要有一種優美的融合，或在意識控制或前意識控制下的整合。

這些多重人格的每一種都以不同的方式和世界交流。他們不同的談話，不同的書寫，沉迷於不同的活動，以不同的表現陷入情網，選擇不同的朋友。

在我接觸到的一例中，「任性人格兒童」寫一手大筆、散亂的字體，說兒童的口頭語，並時有拼音錯誤；「能克制自己、受人欺壓」的人寫的字卻是小心翼翼的、因循慣例的、守規矩的高中女生的手筆。也可以這樣說，一種「人格」渴望讀書和學習，另一種卻堅決排斥，因為他太沒有耐性，也沒興趣。如果我們曾想到讓他們一試的話，他們的藝術作品一定也

會有很大不同。

在我們其餘的人中，我們自己的那些遭到拒絕並被逐入無意識存在狀態的部分也能突然發作，而且必然會如此，而且對我們和外界的溝通，不論是吸收和輸出，都將產生公開的影響，既影響我們的行動，又影響我們的認識。要想證明這些是很容易的，一方面透過投射測驗，另一方面透過藝術表現。

透過投射測驗，與其說它顯示世界在我們看來是什麼樣子，我們如何組織世界，我們能從世界中取出什麼，不如說我們能讓它向我們說明什麼，我們選擇觀察的是什麼，以及我們在選擇中拒絕傾聽、拒絕觀察的是什麼。

類似的情形也出現在我們的表現面上，我們表現我們是什麼，我們分裂到怎樣程度，我們的表現和溝通也相應的分裂、偏頗、片面到怎樣程度。我們整合、完整、統一、自發以及能充分發揮作用到怎樣的程度，那麼，我們的表現和溝通也在怎樣的程度上成為完整、獨特、有自己的風格、活躍並富有創造性，而不是受到抑制、習俗化和矯揉造作的，並成為誠實的而不是假冒的。臨床經驗顯示，這既適用於繪畫和文字藝術表現，又適用於一般的表現動作，或者也適用於舞蹈、體育運動和其他全身活動的表現。這不僅適用於我們有意對他人施加的溝通作用，而且它也適用於我們非有意施加的作用。

我們自身內部的那些遭到我們排斥和壓抑（出於畏懼或羞恥心）的部分並沒有消失，而是它們以另外一種方式存在 —— 潛伏起來。我們人性中的這些潛在的部分可能對我們的溝通產生影響，它們往往都是不為我們所注意的，或者是我們似乎感覺不到的一部分，例如，「我不知道我怎麼

會說出這樣的話」,「我不知道什麼東西支配了我」。

在我看來,這種現象不僅僅意味著一種生物學現象,而且也意味著它是一種文化的事情。我們必須討論人性中的類似本能的因素,討論那些人性內在固有的方面,而不論文化怎樣,哪怕是在卑怯的方式下,它們仍將繼續影響我們的表現。文化只是人性的必要原因,不是充足的原因。但我們的生物因素也只是人性的必要原因,而不是充足原因。

的確,在一種文化環境中我們能學會一種口語。但同樣真確的是在同樣的文化環境中,一隻黑猩猩卻不能學會說話。我之所以會這樣說,因為我模糊的覺得溝通是太絕對化的在社會學水準上受到研究,而在生物學水準上研究得很不夠。

追蹤上述這一問題,探討人格內部的分裂如何汙染我們和世界的溝通,我將援引幾個著名的病理例子。我引用它們還因為它們似乎是一個普遍規律的例外。這個普遍規律認為,健康的和整合的人會成為一個優越的感知者和表現者。有大量臨床和實驗的證據支持這一概括;例如,H·J·艾森克 (Hans Jürgen Eysenck) 和他的同事的工作。然而也有例外迫使我們審慎的對待這個問題。

精神分裂症患者是在控制和防禦方面正在瓦解或已經瓦解的人。於是,這樣的人傾向於溜回個人自身內部的世界,他和他人以及自然界的接觸往往會被破壞。但這也包含著他和世界溝通中的某些破壞。對外界的畏懼,他切斷了和外界的溝通,內部的衝動和呼聲也變得十分高漲,擾亂了現實的試探。

但也很真確的是,精神分裂患者有時表現一種局部的優勢。由於他太陷於被禁止的衝動和始發過程認知,他偶爾會在解釋他人的夢和探測他們

深藏的衝動中顯得非常敏銳。例如，探測他人陷溺的同性戀衝動等等。

我們還可從另一方面來看。有些治療精神分裂的醫師自己就是精神分裂者。我們在各處都能看到這樣的報告，以前的患者能成為特別優秀和理解病情的護理員。這方面的有效性與嗜酒者互戒協會的原理大致相同。我的一些朋友是精神病專家，他們現在正在尋求這種參與性理解，辦法是用LSD（一種麻醉藥）或麥司卡林獲得一種短暫的精神病體驗。誇張一點來說，不入虎穴，焉得虎子？

在這一領域中，我們也能從精神變態中學到很多知識，尤其是在「陶醉」型變態人格中。可以簡略的描述他們為沒有道德意識，沒有內疚，沒有羞恥感，沒有對他人的愛，沒有抑制，很少控制，他們能相當有效的做他們想做的事。他們會變成偽造者、騙子、重婚罪犯、娼妓，靠機智而不是靠努力工作賺得生計。

這些人，普遍不能理解他人的良心譴責、悔恨、無私的愛、同情、憐憫、內疚、羞恥心或難為情，因為他們的認知很貧乏。

你自身不懂什麼，你也不能認識或理解什麼。它不能向你傳遞它自身，由於你是什麼，所以它遲早會傳遞自己的訊息給你。

精神變態者，即使起初那麼興高采烈的無憂無慮，尋歡作樂，沒有神經質，但他最終會被看作是冷酷的，可憎的和可怕的。

我們又一次得到了一個例證，它顯示，病態雖然包含溝通的普遍切斷，卻也包含著在特殊的方面有更高的敏銳和技巧。在覺察精神變態因素方面，精神變態者是非常敏銳的，不論我們怎樣小心翼翼的掩飾。他能認準並利用我們心中的騙子、膺造者、說謊者、偷竊者、偽裝者、假冒行為，並能利用這種技巧謀生。他說「你不能欺騙一個誠實的人」，並非常

相信自己具有探測任何「靈魂中的竊賊」的能力。

當然，這也表示他能看出偷竊的不存在，那又意味著人品在外表和舉止中變得可見了，至少對於強烈感興趣的觀察者是如此。也就是說，人品把自身傳遞給那些能理解它並贊同它的人。

與個人內部的溝通

在男性與女性的關係中，能特別清楚的看出個人內部的溝通和人與人之間的溝通這兩者的密切關係。請注意因為我的論點是：兩性之間的關係在很大程度上決定於每一個人（不論男或女）的內部的男性和女性之間的關係。

此處最極端的例子，男子妄想狂者經常有被動的同性的性關係渴望 —— 一種想被強壯男子雞姦和汙辱的願望。這一衝動極為可憎，不能為他所接受，他力圖壓抑它。他用投射法幫助自己否認他的渴望，把它從自身中分裂出去；同時讓自己想別的事情，談別的事情，並集中注意於有吸引力的主題 —— 是他人要強姦他，不是他願意被強姦。

因此，這些患者中普遍存在著一種猜疑性，它能以最明顯的哀婉情緒表現出來。例如，他們不願讓任何人走到他們背後，他們會保持背靠牆的姿勢不動等等。

這聽起來並不是很瘋狂。女人，總是被看成引誘男人的妖婦。男子在愛上一個女子時會變得溫柔體貼、不自私而且文質彬彬。假如他們生存在一種把這些作為非男子氣的文化環境中，他們會遷怒於女子，因為她們使他們變得溫柔多情，為了證明女人漂亮外表內隱藏的可憎靈魂，於是他們

編寫參孫（Samson）和大利拉（Delilah）的神話。他們投射惡意。他們譴責鏡子，因為鏡子有反映作用。

美國的女人，特別是「進步的」和受過教育的美國女人，她們經常排斥自身上很嚴重的依賴、被動和順從，因為這些在她們的潛意識中意味著放棄自我或人格。於是，這樣的女人傾向於把男人看作可能的統治者和強姦犯，並按照這樣的理解對待男人、駕馭男人。

為了這樣的理由以及其他理由，在多數文化中和多數時代中，男人與女人是彼此誤解的，彼此不是真正友好的。從實際的客觀情況看，我們甚至可以說，他們彼此溝通一直是不好的，常常是一個性別統治另一個性別。為了能夠相互生存下去，他們切斷女人世界和男人世界的連結，並依據男女性格有很大不同而無交迭的觀點進行徹底分工。

從某種程度上講，這能得到某種類型的和平，但肯定不會有友誼和相互理解。心理學家關於兩性之間改善理解必須提出的建議是什麼呢？榮格派以特殊的明晰說明的心理學解決，但也是一般都同意的答案：性別之間的敵對主要是個人內部（他或她的內部）男性和女性成分之間的無意識爭鬥的一種投射。兩性之間的和諧依賴於個人內部的和諧。

假如在男子自身內部，他正在與他所處的文化環境確定為女性的特質進行戰鬥，那麼，在外部世界他也會與這些同樣的特質進行戰鬥，特別是當他的文化珍視男子氣勝過女子氣時。如果認為女子氣是富於感情，或缺乏邏輯，或依賴性，或愛色彩，或對孩子溫柔，他會懼怕他自身中的這些特質而向它們作戰並力圖成為反向的人物。他在外部世界中也會向它們作戰，拒絕它們，把它們完全移交給女人等等。

在這裡，我們所能意識到的是一種極端二歧化的、非此即彼的亞里斯

多德式的思想方法，但戈德斯坦、阿德勒、柯日布斯基（Korzybski）等認為這是非常危險的。

對於這同一問題，我在心理學層面的說法：「二歧化意味著病態化；病態化意味著二歧化。」你認為自己不是一個道道地地的男人，那麼除了是一個女人，別的什麼也不是。有這樣認知的男人注定要與內部自己進行爭鬥，並永遠排斥女人。他懂得心理「兩性」事實到怎樣的程度，意識到非此即彼定義的專斷和兩極化過程的病因性質到怎樣的程度，他在怎樣的程度上發現差別能彼此融合並形成一定結構而不必彼此排斥和相互敵對，他也將在怎樣的程度上成為一個更整合的人，能接受並享受他自身內部的「女性」。

假如他能和他的內部的女性和諧相處，他便能和他外部環境的女性和諧相處，更理解她們，減少對待她們的矛盾心情，甚至更讚美她們，因為他認識到女性比起他自己的衰弱得多的變式是多麼優越。你肯定能和一位你所敬重和理解的朋友更好的交流，這和你與一位你懼怕、憎恨而深感神祕的敵人往來大不相同。要和外部世界的某一部分交朋友，最好先與你自己身內的那一部分交朋友。

如果有人認為，一個過程必然先於另一個過程，那麼他們肯定是誤解了我的看法。我覺得，它們是並列的，也可以有另一種方式的開端，也就是說，接受外部世界的 X，能有助於接受內部世界同樣的 X。

在那些必須成功的和外部世界打交道的人中，他們更強烈的傾向於拋棄內部心靈世界而支持作為常識的「現實」的外部世界。而且，環境越強硬，對內部世界的排斥必然也越有力，而對於一種「成功的」順應來說也更危險。於是，對於詩意、幻想、夢境、情緒激動的畏懼，在男人中比在

女人中、在成人中比在兒童中、在工程師中比在藝術家中更嚴重。

還請注意，我們這裡又有一個關於深刻的、西方的或許也是一般人類的二歧化傾向的例證，認為在可供選擇的或不同的事物之間，一個人必須選擇其一或另一事物，而這含有排斥未被選中對象的意思，好像一個人不能同時兼有二者。

我們又有了這樣一種觀點，無論是在遊戲、詩意、美感、始發創造性等方面，還是在其他的方面，我們在自身內部對於哪方面是視而不見、聽而不聞的，我們在外部世界中對那方面也會同樣的盲目和耳聾。

由於另外一個原因，這個例子顯得更加重要。在我看來，協調這種二歧化的努力對於教育家可能是一個最好的出發點，而且有助於完全解決全部二歧化的任務。也就是說，這可能是一個良好的客觀現實的開端，能教育人類中止以二歧式的方式思考問題，學會以一種整合的方式思考問題。

對於那種過分自信和孤立的唯理論、唯文字論、唯科學論（這些論調正在集結勢力），這是強大正面攻擊的一個方面。宏觀語義學家、存在主義者、現象學家、佛洛伊德主義者、禪宗佛教信仰者、神祕主義者、格式塔治療家、人本主義心理學家、榮格派、自我實現心理學家、羅傑斯派、柏格森（Bergson）派、「創造性」教育論者以及許多其他學者，無不這樣認為，語言、抽象思維、傳統科學是有局限性的。

思維和科學曾被認為是控制黑暗的、危險的、邪惡的人類深層動機的手段。但現在我們確實知道，這些深層動機不僅是神經症的泉源，而且也是健康、歡樂和創造性的泉源，我們開始談論健康的無意識、健康的倒退、健康的本能、健康的非理性和健康的直覺。我們也開始希望透過這些方面達到拯救我們自己的目的。

宏觀的理論答案似乎在於掌握整合的方向，擺脫分裂和壓抑。當然，我所提到的所有這些學術運動自身也能很容易變成分裂的力量。分裂因素顯然也包括反理性主義、反抽象主義、反科學、反智力論。得到恰當說明和構想的智力是我們最偉大、最強有力的整合力量之一。

與外部的溝通

在我們試圖理解內部和外部、自我和世界的關係時，自律和同律之間的複雜關係是我們面臨的另一個難題。我們會很容易的同意這樣的說法：在我們內部有兩大意向或需求，一種趨向自私，一種趨向無私。從自律的自身看，它傾向於引導我們趨向自我滿足，趨向和世界爭勝的力量，出於它自身的法則愈益充分的發展我們自身內部獨特的自我，亦即出於它自身內在的動力、心靈自生自長法則而非環境的法則。

這些心靈的法則和外部現實非心靈世界的法則是不同的，是分離的，甚至是對立的。這一對自身同一性的追求，或對自我（個體特徵、自我實現）的探索，已經由於成長及自我實現心理學家的努力，對於我們肯定都很熟悉了，且不談存在主義者和許多學派的神學家。

但我們似乎也意識到有一種與上述傾向矛盾的傾向，而且是一種強烈的傾向，要放棄自我，使我們自己淹沒於非我中，放棄意願、自由、自我滿足、自我控制、自律。由於它的病態形式，導致了血統、鄉土和本能浪漫主義，導致受虐狂，對人的輕視，不是尋求完全在人以外的價值，就是尋求人的最低動物本性以內的價值，兩者都出於對人的輕視。

我之所以在高自律和低自律之間進行區分，我希望這樣做能說明，這

些區分有助於我們理解內部和外部之間的同型性，並由此為改善人格與世界之間的溝通打下一個理論的基礎。

人身上發現的自律和力量，在感情上可行的人與感情不可行的人是截然不同的。非常寬泛但並非不太準確的說，是世界爭勝的人格的增強，這種爭勝是在一種非此即彼的二歧方式中進行的。在這種方式中兩者不僅是完全分離的，而且是相互排斥的，好像彼此是仇敵，我們或許可以稱之為自私的自律和力量。

在這個叢林式的世界中，這樣的人是凶狠的狼。在我最初用猿猴來研究「力量」的這些不同性質時，我把這稱為專制的或法西斯的統治。在以後對大學生的研究中，它被稱為不可靠的高統治。

在可行的高統治世界裡，人人都有對世界和他人的感情，有大哥哥般的責任感和對世界的信任感，和世界打成一片的情感，而不是敵對感和畏懼感。這些人物的優越力量是為了歡樂，為了愛，為了幫助他人而利用的。

依據種種理由，我們現在可以這樣說，這些不同是心理上健康和不健康的自律之間的不同，也是心理上健康和不健康的同律之間的不同。我們也發現，這一區分使我們意識到自律和同律是相互關聯而不是彼此對立的；當人更健康、更真誠的成長時，高自律和高同律會在一起成長，一起出現，並最後趨向溶合，構成一個更高的把兩者都包括在內的統一體。在這種條件下，自律和同律、自私和無私、自我和非我、純粹心靈和外部現實等等的二歧化都會趨向消失，並能看作不成熟和不完善發展的副產品。

在自我實現的人中，這種二歧超越可作為一件普遍的事情隨時觀察到，但它在我們大多數人中，只有在我們自我內部和自我與世界之間最高

整合的時刻才能看到。在男女之間或親子之間最高的愛中，當人達到力量、自尊、個人特徵的極點時，他也同時會和他人打成一片，失去自我意識並在一定程度上超越自我和自私。在創造的時刻，在深刻的美感體驗中，在頓悟體驗中，在生孩子時，在跳舞時，在體育經驗中，在其他我曾統稱為高峰經驗的時刻，也發生同樣的情況。在所有這些高峰經驗中，人根本不可能明確的區分自我和非我。也可以這樣說，人整合起來了，他的世界也整合起來了；他感覺良好，他的世界也顯得良好了等等。

　　首先請注意，這是一個實證的論述而不是一個哲學的或神學的論述，任何一個人都能重複這些發現。我可以確切無疑的斷言，這是在談論人的體驗而不是超自然的體驗。

　　其次請注意的是，這含有不同意各種神學陳述的意思。神學家認為，超越自我的界限意味著摒棄或否定或失去自我或個人特徵。在普通人的高峰經驗中以及自我實現的人們中，這些是越來越高的自律發展的終端產物，是達到自我同一的終極結局；它們是自我超越的結果而不是自我湮滅的結果。

　　最後請注意，它們是短暫的體驗，不是恆久的體驗。假如這是進入另一世界，也總有回歸日常世界的時刻。

　　對於更整合的人格來說，我們開始能以一種科學的方式認識它了，因為它影響著訊息的接收和發出。例如，羅傑斯和他的同事的許多研究顯示，當患者在心理治療中有好轉時，他以不同的方式變得更整合了，更「對經驗開放」或更有效的理解，並更充分的發揮作用，更忠實的表現。這是我們實驗研究的主體，而且許多臨床的和理論的作者，他們在每一點上都贊同並支持這些一般的結論。

　　我從另一個角度進行了自己的研究探索，但卻獲得同樣的結論，這是一種對相對健康人格的直接探索。這些探索支持整合是心理健康的一個方面的規定性；它們支持那個結論，認為健康人更自發，更善於表現，他們做出行為反應更容易、更全面、更忠實；它們支持另一結論，認為健康人能更好的理解（理解自己、他人、和現實的一切）。儘管如我曾指出的，這不是一種一律的優越性。有一個流行的故事，治療師讓精神病人說：「2＋2＝5。」而精神病症患者說：「2＋2＝4，但我不能容忍它！」我或許也能附加說，無價值的人 —— 一種新的病態 —— 說：「2＋2＝4，那又怎麼樣！」而更健康的人實際上會說：「2＋2＝4，多麼有趣！」

　　或者換一個方式進行解釋。約瑟夫（Joseph）和我公布了一項實驗報告，我們發現，看可靠的人照片上的面孔往往比不可靠的觀察者所看到的要熱情。為什麼會這樣，這是仁慈心的投射呢，還是天真的投射，或是更有效的感知和理解呢？結果如何，仍有待未來的研究。

　　我們需要的是一個實驗，以便能使被觀察的面孔具有已知的熱情或冷靜的水準。然後，我們可以問，那些觀察到或歸屬為更多熱情的觀察者是正確的還是錯誤的？或者他們對熱情面孔或冷靜面孔的判斷是正確的還是有誤的？他們看到的是他們想要看到的嗎？他們是在要求自己喜歡他們的所見嗎？

　　最後說幾句關於存在認知的話。在我看來，這是一種對現實最純的最有效的觀察和理解，儘管這有待於實驗的檢驗。它是對認識對象的更真確更可靠的認識，因為它最超然、最客觀、最少受到觀察者的願望、畏懼和需要的汙染。它是非干預的、沒有要求的、最能接受的。在存在認知中，二歧傾向於溶合，分類傾向於消失，對象被看作是獨一無二的。

這樣的觀察在自我實現的人身上最容易發現。但我也曾在我所問過的幾乎所有的人中都得到這種觀察和認知的報告，是在他們生活最高潮、最快樂、最完善的時刻做出的。現在，我的觀點是：仔細的研究顯示，認識對象變得更個體化、更統一、更整合、更有趣、更豐富多采、更健康；而且它們是同時發生的，並能從任何一方開始。

　　也就是說，世界變得越完整，人也變得越完整。同樣的，人變得越完整，世界也變得越完整。這是一種動力學相互關係，一種互為因果的關係。一個訊息的意義顯然不只是依賴於它的內容，而且也依賴於人格能夠對它做出反應的程度和範圍。更「深的」含義只有更「深的」人才能理解。他的個子越高，他能看到的也越多。

　　正如愛默生（Emerson）所說：「我們是什麼，我們也只能看到什麼。」但現在我有必要再附加一句：「我們看到的什麼又傾向於使我們相信它是什麼和我們是什麼。」個人和世界之間的溝通關係是一種相互形成和彼此升降的動力學關係，一種我們可以稱之為「可逆的同型」作用。高水準的人才能理解高水準的知識；高水準的環境也傾向於提高人的水準，正如低水準的環境傾向降低人的水準一樣。二者之間會相互影響以便使彼此更相似。這些看法也適用於人與人之間的相互關係，而且有助於我們理解人怎樣相互幫助和彼此塑造。

第三章
關於心理病態

實現理想式教育

在阿道斯‧赫胥黎（Aldous Huxley）臨近死亡的日子裡，他正處在一項在科學、宗教和藝術之間做出偉大綜合創造的邊緣。他的許多思想在他最後的小說《島》（*Island*）中有所闡述。雖然《島》作為文學藝術作品不是很重要，但它作為一部討論人能變成什麼樣子的心理著作卻是非常有啟發的。其中教育方面的思想具有革命性的作用，因為在赫胥黎的理想國中，教育體制的目標和我們自己的社會的教育體制有根本的不同。

假如我們看一看我們自己社會中的教育，我們可以看到有兩種分明不同的因素。首先，有壓倒多數的教師、校長、課程設計者、學校督察，讓學生得到在我們工業社會所需要的知識是他們工作的主要目的。這些人不是特別有想像力和創造性的，也不會常常問一問他們為什麼要教授他們所教授的東西。他們主要關心的是效率，即，在盡可能少的時間、費用和人力的情況下，灌輸最大數量的事實給最大可能數量的學生。另一方面，少數傾向人本主義的教育家把培養較好的人作為目標，用心理學的術語說，就是以自我實現和自我超越為目標。

傳統課堂學習通常有一個不言明的目標 —— 使教師滿意從而得到獎勵。在傳統的課堂上學生很快就意識到，創造性會受到懲罰，死記硬背反而會得到獎賞，因而他們集中注意於教師要他們說些什麼，卻不求對問題的理解。由於課堂學習的中心在行為而不在思想，學生學習的也正是如何行動，同時保持他自己的思想不變。

實際上思想通常產生阻礙學習的作用。有了真知灼見，宣傳、灌輸和操作條件作用的效果通通都會消失。讓我們以廣告為例，對於廣告的最簡

單的藥劑。你可能在為廣告的閾下效果和動機研究操心，但你所需要的一切主要是為證明某一種牌子的牙膏有臭味，於是你就不會受世界上一切廣告的影響了。

真相對外在學習的破壞性影響的另一個例子是一個心理學班級對教授開的一次玩笑，當這位教授講條件作用時，學生們密謀向他施加條件作用。教授沒有發覺學生的惡作劇，開始越來越多的點頭，到講課快結束時他已在頻頻的點頭了。當學生們告訴這位教授事情的真相時，他立即中止了點頭。自然，此後學生不論怎樣微笑也不能再使他點頭。真相使學習消失了。從這一點出發，我們應該問問自己，有多少課堂學習確實是受到無知支持的，其中又有多少由於真知而被破壞？

學生們已經浸透著外在學習的態度，並會像黑猩猩對撥弄者的技巧做出反應一樣，自然會對分數和考試做出反應。在美國最好的某所大學中，一個男生坐在廣場上讀一本書，他的一個朋友走過他身邊問他為什麼要讀那本沒有被指定的書？讀一本書的唯一理由竟會是它可能帶來外部獎賞。在外在學習的態度包圍中，這樣提問是合乎邏輯的。

為了說明大學教育中內在和外在方面的差異，舉一個關於厄普頓・辛克萊（Upton Sinclair）的故事。辛克萊年輕時發現他無法存夠大學學費，他仔細翻閱了大學學分制規則，發現有這樣的規定：假如學生不能通過一門課，他將得不到這門課的學分，必須以另一門課的學分作為替代；對於這第二門課，學校將不收學費，因為學生已經為他的學分付過一次費了。辛克萊利用這一規定，故意讓每門課都考不及格，結果贏得了自由的教育。

「賺取學位」這一說法概括了側重外在教育的弊端。在傳統的教育範本中，學生投資一定量的小時數（稱為學分），然後便機械般的獲得他的

學位。大學中所教授的一切知識都有以學分形式標明的「現金價值」，這種價值在所教授的各門課程之間是很少或全無區分的。例如，一學期的籃球訓練正如一學期的法國哲學課一樣賺取同樣的學分。在這種背景下，最後的學位被認為是最具有真實價值的。如果在完成高年級學業前離校將會被社會看成是浪費時間，被父母看成是不小的悲劇。你們都聽到過母親悲泣訴說她的女兒中途輟學的愚蠢行為吧，為什麼她要在高年級時去結婚，白白「浪費」她本來可以得到的教育呢？在大學三年的學習價值已經完全被遺忘了。

在理想的大學中，將不再有學分、學位、必修課。一個人可以學習他想學習的任何東西。一位友人和我曾試將這一理想付諸實行，我們在布蘭戴斯大學組織了一系列討論會並稱它為「新生討論會 —— 理智生活入門」。我們宣布：這個課程不設必讀或必寫的作業，也不給學分，學生自己選定討論的課題。並且，我們公開了我們的身分 —— 一個是心理學教授，一個是開業的精神病學家，並且期望透過我們對討論會的說明和我們自己專業興趣的說明能向學生表示誰應該來和誰不該來。參加這個討論會的學生是出於他們的自願，並且至少要對他的成敗承擔一部分責任。在傳統的學校教室裡，情況恰恰與此不同 —— 那是強制性的，學生總是由於某種原因而不得不進去聽課。

在理想的大學中，任何需要內在教育的人都可以如願以償，因為任何人都可以自由的學習。學生群可以包括有創造性的、聰明的兒童以及成人；包括低能者也如包括天才一樣（因為甚至低能者也能透過感情和心靈學習）。大學將無所不在，它不再局限於一定建築物和一定時刻，教師將是任何有體會並願與他人交流的人。學習與生命同長，活到老學到老。甚至死亡也能成為一種哲學啟發的、高度教育的體驗。

　　理想的大學將是一種教育的隱退，使你能試著發現你自己；發現你喜歡什麼，需要什麼；你善於做什麼，不善於做什麼。學生們將挑選種種主題，出席種種討論會，雖不敢十分肯定自己應走哪條路，但已在尋找自己的使命，而一旦找到了它，他們能很好的利用他們所受到的技術教育。也可以這樣說，理想大學的主要目標將是自我同一性的發展，同時也是使命的發現。

　　我們說自我同一性的發展，這是什麼意思？意思是找出你的真實願望和特徵是什麼，在哪種生活方式中它們能表現出來。你經過學習成為真誠的、忠實的，也就是讓你的行為和言談成為你內在感受真實而自發的表現。我們大多數人已學會避免真誠。你可能正處於一場戰鬥中，你的內臟正因惱怒在激盪，但假如電話鈴響了，你仍會拿起話筒，親切的應一聲「喂」。真誠是虛偽向零點的下降。

　　有許多教導真誠的方法。訓練組是一項嘗試，它使你意識到你真正是怎樣的人，你對他人怎樣反應。途徑是給你一個變得誠實的機會，說出你的內部真正在進行什麼活動，而不是掩飾真相或斯文迴避。

　　我們描繪為健康、堅強和鮮明的人，他們在感受內在心靈方面比普遍人更加靈敏、清晰；他們知道他們需要的是什麼，正如他們清楚自己不需要什麼一樣；他們內在的愛好告訴自己，某種顏色和另一種不協調，他們不需要毛衣，因為它使身上發癢，或膚淺的性關係不能滿足他們的需求。與此相對的一些人恰恰相反，似乎很空虛，失去和他們自身內在信號的接觸。他們吃、喝、拉、撒、睡，都按鐘點安排，而不是接受他們自己身軀的暗示。他們做一切事都以外部標準為根據，從選擇食物（它對你有益）和服裝（它正時興）到價值和倫理判斷（我爸爸說的）都是如此。

我們非常善於使我們的孩子弄不清楚他們自己的內在呼聲。某個孩子可能說：「我不想喝牛奶。」而他的媽媽卻回答：「為什麼，你知道你需要喝點牛奶。」或者孩子說：「我不喜歡菠菜。」而媽媽告訴他：「我們必須吃菠菜。」有能力察覺來自內部的這些信號是自知的一個重要部分，但做媽媽的卻弄得這些信號混淆不清，這對她的孩子不會有任何益處。她也能很容易的說：「我知道你不喜歡菠菜，但因為如此這般的理由，你無論如何得吃一點。」

　　有審美能力的人對於色調、外貌的協調、樣式的適宜等等似乎比多數人有更清晰的衝動聲音。同樣，智商高的人對於理解真理、看出這種關係為真、那種關係非真似乎有強有力的衝動聲音，正如有審美能力的人似乎能看出這個領帶適合這件夾克而不適合那件一樣。在兒童中進行了大量關於創造性和高智商之間有何關係的調查研究顯示，有創造性的兒童似乎是那些有較強衝動聲音告訴他們什麼是對什麼是錯的兒童。而非創造性的高智商兒童的衝動聲音似乎已經喪失，他們變得遵循常規，總是期待父母或老師給予指導或啟發。

　　關於倫理和價值問題，健康人也較有清晰的衝動聲音。從某種程度來講，自我實現的人已經超越了他們文化的價值。他們與其說僅僅是某國人不如說是世界公民，首先而且重要的是人類的成員，他們能客觀的看他們的社會，喜歡它的某些方面，不喜歡另一些方面。

　　假如教育的一個終極的目標是自我實現，教育就應該幫助人超越他們自己的文化強加於他們的條件作用而成為世界公民。這裡便有了一個如何才能克服他們的文化的問題。面對一個年幼的孩子時，你如何才能喚醒他對全人類的同胞意識，以便他長大成人以後能仇視戰爭並盡一切努力避免戰爭呢？教堂和主日學校已經審慎的迴避開這項任務，並以向孩子們講授

多姿多彩的聖經故事作為替代。

我們的學校和教師應該追求的另一個目標是使命的發現，一個人的命運和歸宿的發現。一部分要理解你是什麼人，一部分要能夠諦聽你內在的聲音，也就是發現你要用你的生命做什麼，發現一個人的自我同一性和發現一個人的事業，或揭示一個人將為之獻身的聖壇，發現一個人的終生事業有點像發現一個人的配偶。在婚姻方面，有一個風俗要年輕人「進行實戰」，和許多人接觸，進行一、兩次戀愛，在結婚前或許還要進行一次嚴肅的試婚。這樣，他們才能發現他們在另一性別的成員中喜歡什麼和不喜歡什麼。當他們變得越來越意識到他們自己的需求和願望時，那些非常了解自己的人最終也恰恰能彼此發現並結識。在你尋找你的終生事業時，有時也有非常相似的事情發生。你感覺它很合適，或忽然你發現一天二十四小時似乎太短了，於是你開始抱怨人生的短促。在我們的社會中，卻有許多職業顧問根本不懂得人的存在的可能目的，甚至不懂得什麼是對於基本幸福所必需的。所有這一類型的顧問所考慮的只是社會對航空工程師或牙科醫生的需求。沒有一個人提及，假如你對於你的工作不滿意，你就喪失了自我完成的最重要的方法之一。

概括來講，學校應該幫助孩子們觀察他們自身的內部，並從這種自知中得到一系列價值觀念。但在傳統教育模式的學校中並不講授價值。這可能是從宗教戰爭時代傳遞下來的慣例。在那個時代教會和國家是分立的。統治者認為價值的討論是教會的事，而非教會的學校只關心其他問題。在嚴重缺乏真正的哲學和訓練有素的教師的情況下，我們的學校不講授價值也許還是一件好事，正如由於同樣的理由不講性教育一樣。

對自己有不同的觀點是人本主義教育哲學所產生的許多結果之一。這是一個非常複雜的概念，幾句話很難說清楚，因為幾個世紀以來，它第一

次談到一種內在的本質，談到種族性，談到動物性。這和歐洲存在主義者的看法顯然不同，尤其是沙特（Sartre）的。沙特認為，人完全是他自己的設計，完全是而且僅僅是他自己專斷的、沒有輔助的意願的產物。在沙特和一切受他影響的人看來，一個人的自我變成了一種專斷的選擇、一種命令式的意志，要成為什麼樣的人或做什麼事而沒有任何關於什麼是好、什麼是壞、什麼是善、什麼是惡的準則。沙特基本上否認生物學的存在，完全放棄了任何絕對的或至少是任何遍及全人種的價值。這非常接近於使強迫性精神病成為一種生活哲學，其中你能發現我曾稱之為「經驗空虛」的特徵 —— 不存在從內部發出的衝動聲音。

美國人本主義心理學家和存在主義精神病學家大都更接近心理動力學家而不是沙特。他們的臨床經驗使他們設想人有一種本質、一種生物的性質、一個物種的成員性質。我們很容易就能說明「揭示」療法能幫助人發現他的自我同一性、他的真實自我，簡單的說，就是他自己的主體生物學，於是，他能進而實現它，「造成他自己」，進行「選擇」。

問題的關鍵在於，人種是唯一的一種物種，它發現自己很難為統一的物種。一隻貓就是一隻貓，似乎沒有什麼問題，這是不難理解的。貓似乎沒有什麼複雜性或矛盾或衝突，沒有跡象渴望成為狗，牠們的本能是非常明顯的。但人種卻沒有這種明確的動物本能。我們的生物本質、我們的本能殘餘是微弱而難以捉摸的，而且它們很難掌握，那些外在的學習比我們深蘊的衝動更有力量。這些人種中最深部的衝動處在本能幾乎已經完全喪失的場所，它們在那裡是非常微弱的、極端纖細嬌嫩的，若想發現它們只有深挖，這也就是我說到的內省生物學的所在，生物現象學的所在。

也就是說，尋求自我同一性、尋求自我、尋求自發和自然的必要方法之一：閉上你的眼睛，隔斷噪音，摒除雜念，放下一些事務，完全以一種

道家的和承受的方式使自己放鬆。這裡的技術就在於等著瞧會發生什麼事，會想到什麼。這也就是佛洛伊德所謂的自由聯想、隨意浮游，而不是有什麼固定任務的活動。而如果你這樣做獲得成功，並懂得怎樣去做，你將會忘記外部世界及其嘈雜聲音，並開始聽到一些微小的纖細的來自內部的衝動聲音，來自你的動物本性的暗示，這些感受不僅來自你的普通的種族本性，而且來自你自己的獨特本性。

這種現象不但有趣而且很矛盾。我一方面談到揭示或發現你的特質，在全世界發現你和每一個他人的不同之處。另一方面，我又談到發現你的種族性、你的人性。正如卡爾‧羅傑斯（Carl Rogers）所說：「當我們在尋求我們自己個人的同一性時，進入作為特殊而獨特的自我越深，我們也越能發現整個人的種族，這種情況是怎麼發生的呢？」這會很容易使你想到愛默生和新英格蘭的先驗論者。發現你的種族性到足夠的深度，這兩方面將會很好的融合在一起。懂得如何成為豐滿的人意味著兩種活動同時進行。你在主觀上體驗什麼是你所特有的，你為什麼是你，你的潛能是什麼，你的風格是什麼，你的步調是什麼，你的愛好是什麼，你的價值是什麼，你的身體的趨向如何，你個人的生物因素引你到何處，即你和他人有何不同。在這個過程的同時它又是了解一個人成為像其他人一樣的人意味著什麼，換句話說，也就是了解你和他人有何相似之處。

教人了解生活的可貴也是教育的目標之一。假如生活中沒有歡樂，就不值得生活。很遺憾，許多人從未體驗過歡樂，體驗過那些我們稱之為高峰經驗的全面肯定生活的極少的時刻。佛洛姆既談到能經常體驗歡樂的樂生者，也談到似乎從未體驗過歡樂時刻的欲死者，這些人對生活的理解是微乎其微的。後者會追逐他們生活中的各式各樣愚蠢的機會，換個方式說，他們為了擺脫自殺的痛苦念頭，他們希望能有一個意外事件來拯救他

們。在逆境下，如在集中營中，有的人認為生活每時每刻都很珍貴，不斷的為求生而抗爭，而另一些人卻任自己毫無抵抗的走向死亡。我們研究發現，只要你能給那些進行局部自殺的吸毒上癮者提供某種有意義的生活作為替代，他們放棄吸毒是很容易的。心理學家曾把酗酒者描繪為極度沮喪、厭煩生活的人。他們形容這些人的生存為一種無盡頭的平板經歷，沒有任何高潮和低谷。柯林·威爾遜（Colin Wilson）在他的著作《新存在主義導論》（*The New Existentialism*）中指出，生活必須有意義，必須充滿高度緊張的時刻才能肯定生活使它有價值。不然，死的願望就可以理解了，因為誰甘願忍受無盡無休的痛苦或煩惱？

我們知道兒童也有高峰經驗，這在童年期是很常見的。我們也知道，傳統的學校制度是一種壓碎高峰經驗、禁止它們出現的極端有效的工具。在教室中，老師很難容忍兒童歡娛的景象，而且他們不是自然的尊重兒童。自然，一間教室坐滿 35 個孩子又要在一定時間內教完一節課，這種傳統的模式會強迫教師比她教學生學習體驗一種歡樂感時更注意秩序和安靜。但一些官方的教育哲學和師範學院似乎由此得出一個不言自明的想法：一個孩子過得快活是危險的。要知道，甚至學習閱讀、減法和乘法這樣的困難任務（在工業化社會中是必須的）也能弄得很有吸引力並成為一種樂趣。

幼兒園教育能做些什麼來對抗死的願望，小學一年級能做些什麼來增強生的願望呢？也許它們能做的最重要的事是讓孩子得到一種成就感。兒童在幫助某一個比他們自己幼弱的孩子完成某件事時能得到很大的滿足。不加管轄和約束能使兒童的創造性受到鼓勵。由於兒童模仿老師的態度，老師能受到鼓勵變成一個歡樂的、自我實現的人。父母把他們自己歪曲的行為模式傳遞給孩子，但假如教師的行為較健康、較堅強，孩子將轉而模仿教師。

如何才能實現理想式教育呢？首先，不像作為講課者、條件者、強化者和老闆的教師的流行模式，道家的輔導者或教師是承受型的而非干擾的。

我有一次曾聽說，在拳擊界有一個年輕人，他自己覺得很不錯並想當一名拳擊手，到體育館找到一位負責人說：「我希望當一名職業運動員，願列入您的門下，我願受您管教。」在拳擊界，那時要做的事是試試他。好的經理會挑選出一位職業拳擊手並說：「領他去拳擊場，和他打幾個回合，讓我們看看他的能耐如何，讓他把他的本事全使出來。」

假如證明這位拳擊手有希望，是一個「天生的」材料，好的經理就會接收他並訓練他，看他是否能成為一位拳擊家，一位更好的拳擊家。換句話說，他認為他的風格是一種天賦，是給定的，他只能在給定的風格上建造他的未來。他不是一切都從頭來過，他也不會讓新生忘掉他已經懂得的，完全按一種新的模式來練習，那等於說，「忘掉你的身體類型」或「忘掉你的所長」。他承認他的現狀並依據他自己的才能把他培育成一位他有可能成為的最佳拳擊家。

我深深感覺這是能夠使很多教育界起作用的方式。假如我們要成為輔助者、顧問、教師、引導者或心理治療家，我們就必須接受相關的人並幫助他理解他已經成為何種類型的人，他的風格是什麼，他的能力傾向如何，他適於做什麼、不適於做什麼，我們建造的基礎是什麼，他的有價值的原材料是什麼、有價值的潛能是什麼，我們形成一種接受他的本性的氣氛，使他的壓力減弱甚至消失，使畏懼、焦慮和防禦降到最低的程度。

關鍵的問題是，我們要關心他，欣賞他和他的成長和自我實現。所有這些聽起來都很像羅傑斯派的醫師，他的「無條件的積極關懷」，他的和

諧一致論，他的開放和他的照顧。的確，現在已有證據顯示這能「使他顯露出來」，使他有所表現，有所動作，有所嘗試，甚至出錯；讓他自己為人所見。

在這一點上的適當回饋，如在訓練小組或基本的交朋友小組或非指示諮詢中常見的那樣，能幫助他發現他是怎樣的人。我們必須懂得珍視兒童在學校中的「鬧劇」——他的狂想、入迷，他瞠目結舌的驚訝，他如醉如痴的熱情。至少，我們以欣賞他沖淡的狂喜，他的「興趣」，他的業餘癖好等等。這些對發展好人有很大的助益。特別是能引向艱苦作業——堅持不懈的、全神貫注的、富有成果的、有教育意義的作業。

相反，我覺得也可以設想高峰經驗、敬畏、神祕、驚奇或完美成就的體驗都是學習的目標和獎賞，既是它的開端也是它的終局。假如這對於偉大的歷史學家、數學家、科學家、音樂家、哲學家等等是真實的，我們也不應該試著把這些研究擴大為兒童的高峰經驗的來源，這顯然已沒有什麼可以懷疑的了。

我在此有必要指出一點，我所得到的支持這些提示的有限知識和經驗大都來自聰明的有創造力的兒童而不是遲鈍的或被剝奪基本權利的或病態的兒童。但我也應該說明，我在辛那儂社區中、訓練組中、Y理論企業中、伊薩冷型教育中心中、格羅夫型幻覺劑研究中、萊因型精神病患者研究中，所得到的關於這些被認為前途無望的成年人的經驗和其他這一類經驗，已經告訴我絕不要事先就把任何人一筆勾銷。

內在教育的另一個重要目的要看到兒童的基本心理需求得到滿足。如果兒童的安全、歸屬、愛和尊重等需求得不到滿足，他是不能達到自我實現的。用心理學的術語來講，兒童這時沒有焦慮，因為他覺得自己是可愛

的，知道他屬於這個世界，有人尊重他，需要他。在辛那儂的大部分吸毒者都曾提到，他們經歷過一種幾乎缺乏任何需求滿足的生活。辛那儂社區裡能創造一種氣氛使他們覺得似乎自己是 4 歲的孩子，然後讓他們慢慢的在這種氣氛中長大，在那裡他們的基本需求能夠一一得到滿足。

教育的另一個目的是使意識保持清新，使我們能不斷的覺察到生活的美妙無窮。在傳統的教育文化中，我們往往變得失去敏感，以致對許多事情視而不見、聽而不聞。蘿拉·赫胥黎（Laura Huxley）有一個小巧的立方形放大鏡，你能插入一朵小花，然後觀看立方鏡各邊的光線在花朵上的變化。注視片刻以後，觀察者能忘懷一切並由此引起幻覺體驗，似乎在觀看一件東西的絕對具體的方面和它存在的美妙。

保持日常體驗清新的極佳方法是想像你就要死去，或和你朝夕相處的別的什麼人就要死去。假如死亡真正威脅到你，你會以不同的方式觀察事物，比你平常更密切的注意一切。假如你知道某人就要死了，你絕不會不帶我們經驗中常有的那種漫不經心的專斷本質去看他，你會更集中注意且更親切的看他。你必須向定型傾向作戰，絕不要讓你自己以慣例態度對待任何事情。

從根本上說，不論是歷史、數學或哲學課，最好的教育方法都在於讓學生意識到其中的美。我們有必要教我們的孩子領會統一與和諧，領會禪宗的體驗，能夠同時看到短暫和永恆，能夠在同一個對象中看到聖潔和褻瀆。

再一次強調，控制我們的衝動是很有必要的。佛洛伊德治療過分壓抑者的日子早已過去，我們面臨的問題恰好相反，是每一種衝動都迫不及待的表現出來。但請注意，這裡的控制並不是指過分壓抑或無限度的壓抑。

達到自我實現的人有一套阿波羅式的控制系統，使控制和滿足在一起發生作用，使滿足帶來更大的愉快。例如，他們知道，假如你坐在一張擺滿美食的整潔桌前吃東西那將更為愜意，儘管準備烹調和收拾桌子要有更多的控制。在性欲方面，也有類似的問題。

理想教育的任務之一是超越虛假問題，並力求解決嚴肅的存在生活問題。一切精神官能症問題都是虛假問題，邪惡和痛苦的問題才是最真實的。每一個人或遲或早都必須正視，是否有可能透過受苦達到高峰經驗呢？我們曾發現，高峰經驗含有兩種成分，一種是感情的歡樂，一種是理智的啟示。兩者並不一定要同時出現。例如，性高潮在情感上可以是極為滿意的，但不會以任何方式給予人啟發。面臨痛苦和死亡時，可以產生一種非歡樂的啟示，如馬爾加尼塔・拉斯基（Marghanita Laski）的著作《歡樂》（*Ecstasy*）中所指出的那樣。我們有大量研究資料討論死亡心理，而且我們也確實從中發現，有些人臨近死亡時確能體驗到啟示，得到哲學的卓識。赫胥黎在他的著作《島》中，舉例闡明一個人如何帶著和解和承受的心情死去，而不是以一種不莊嚴的方式被人世拋棄。

學習如何能成為一個好的選擇者是內在教育的另一個側面，你能教你自己進行選擇。你面前放著兩杯葡萄酒，一杯廉價的，一杯昂貴的，看你喜歡哪一杯。你是否能閉上眼睛分辨兩種牌子的香菸有何不同。假如你不能分辨，也就沒有什麼不同了。我曾發現我能分辨好壞葡萄酒，因此我寧願多花錢買好葡萄酒。另一方面，我分不出松子酒的優劣，因此我總是愛買便宜的松子酒。既然分不出優劣，你何必再分呢？

所謂的自我實現是什麼？我們希望理想的教育制度造就的心理特徵是什麼呢？達到自我實現的人有良好的心理健康狀態，他的基本需求已經得到滿足，那麼，是什麼動機驅使他變成如此忙碌而勝任的人呢？一個原因

是，所有自我實現者都有一個他們信仰的事業，另外一個原因是他們為之獻身的使命。當他們說「我的工作」時，指的就是他們生活中的使命。

假如你問一位自我實現的律師他為什麼進入法律界，什麼東西能補償那許多繁瑣事務的勞累，他最終會這樣向你訴說：「原因很簡單，我一看見有什麼人捉弄另一個人，氣就不打一處來，那是不公平的。」公平對於他是終極價值，他說不出他如此重視公平的原因，正像一位藝術家說不出他為什麼珍貴美一樣。

也就是說，自我實現的人之所以會做他們所做的事，似乎是為了終極價值的原因才那樣做，這些終極價值似乎又是為了捍衛一些具有內有價值的原則。他們保護並熱愛這些價值，假如這些價值受到威脅，會惹得他們惱怒，激發他們行動，並往往做出自我犧牲。這些價值對於自我實現的人不是抽象的；它們是自我實現的人的一部分，正如他們的骨骼和血管一樣。永恆的真實、存在價值、純真和完美不斷的激勵著自我實現的人。他們越過了兩極，力圖看到潛伏的渾一，他們力圖整合一切，使它的內容更豐富。

接下來要問的一個問題：這些價值是類似本能的嗎？是生命體中固有的嗎，就像對愛的需求或對維生素 D 的需求是生命體中固有的那樣？假如你從你的食譜中排除所有的維生素 D，你身體的機能將因此而減弱、甚至會導致死亡。

依此推斷，我們也可以說愛也是一種需求。假如你剝奪了你的孩子們的所有的愛，那會殺死他們。醫護人員已經懂得，得不到愛的嬰兒會由於感冒而夭折。我們對真理的需求也是如此嗎？我發現假如我被剝奪了真理，我會得一種古怪病 —— 我好似患妄想狂一樣，不相信任何人，懷疑

每一件事，尋求每一事件的暗含意義。這種頑固的不信任肯定是一種心理疾病。因此，真理的剝奪會導致一種病態 —— 一種超越性病態。超越性病態是由於一種存在價值被剝奪而引起的疾病。

美的剝奪也能引起疾病。審美方面非常敏感的人在醜的環境中會變得憂鬱不安。那很可能會導致很多不良症狀，例如，頭痛、精神低落等等。

我做過一系列實驗證明美的和醜的環境對人的影響。當被試者在一間醜陋的屋子裡判斷所看到的人面照片時，他們會認為這些人是精神病、妄想狂患者或危險人物，這表示在醜的環境中，人的面孔並由此推及人本身看起來也不好。當然，醜對你的影響有多大，依賴於你的敏感和你能不能較容易的使注意力從令人不快的刺激物轉移開。進一步看，生活在一種不合意的環境中和齷齪的人在一起是一種致病的因素。假如你與美的和正派的人相處，你會發現你的精神較好，自己也隨著提升。

公正是另一種存在價值。歷史曾提出大量事例說明，當人們長期被剝奪了公正時會發生什麼事。在海地，人們弄得對每一件事都懷疑，人與人之間彼此都不互相信任，認為一切的背後都隱匿著陰謀。

我對虛無的超越性病態非常感興趣。我曾遇見過許多年輕人，他們的基本需求已經得到滿足，他們正在有效的運用他們的能力，而且他們沒有任何明顯的心理病兆，所有條件顯示他們能達到自我實現。但他們受到了破壞和干擾。他們懷疑任何存在價值，包括人過三十都會擁護的一切價值，並認為真理、善良、熱愛等一類字眼完全是空洞的陳腔濫調，甚至他們對於自己是否有能力面對未來的世界喪失了信念，於是，他們能夠做的一切僅限於以一種毫無意義和破壞的方式表示抗議而已。假如你沒有價值生命，你可能不致成為精神官能症患者，但因為你和實在的關係在一定程

度上受到歪曲和擾亂，所以你會受到認知病和心靈病的侵襲。

假如存在價值像維生素和愛一樣不可缺少，又假如它們的缺失能使你生病，那麼，人們談論了幾千年的宗教的或柏拉圖式的或理性的生活似乎便成為人性的非常重要的一部分。人是由許多層次的需求構成的，層次系統的基部是生物性需求，頂部是精神性需求。和生物性需求不同，存在價值本身以及它們彼此之間是沒有高低層次的。一種存在價值和另一種是同樣重要的，每一種都能依據其他各種予以說明。例如，真必須是完善的、美的、內容豐富的，而且是十分奇特；在奧林帕斯十二神傳說的意義上，它還必須是愛開玩笑的。美必須是真的、善的、內容豐富的等等。

假如存在價值能依據彼此的概念互相說明，我們將能依據因素分析原理得知，有某種一般因素在所有這些存在價值的背後——用統計術語說，有一個 G 因素。存在價值不是一堆互相分離的碎玻璃，而是一塊寶石的不同側面。獻身於真理的科學家和獻身於公正的律師兩者都是獻身於同一使命，他們每一位都已經發現，一般價值中最適合他的那一側面就是在他的終身事業中所利用的那一面。

存在價值的一個有趣的現象是能超越許多二歧式，如自私和不自私，靈與肉，宗教和世俗等等。假如你在做你所熱愛的工作，獻身於你最崇尚的價值，你會成為盡可能「自私的」而同時又成為不自私和利他的。假如你已經把真理作為你內心最珍貴的價值，就像它是你的血液一樣成為你的一部分，那麼，假如你聽到世界上任何地方有一種謊言流傳，你就會如芒刺在背非要弄個水落石出不可。從這種意義上講，你自身的邊界將遠遠超出你個人私利的範圍而包容整個世界。

接著我們討論「宗教」和「世俗」的二歧式。我在童年接受的宗教儀式

似乎非常可笑，它使我對宗教完全失去興趣並毫無「尋找上帝」的念頭。但我的宗教界朋友，至少那些已經超越類似把上帝看成又有皮膚又有鬍鬚那種認知水準的人，卻像我談論存在價值一樣談論上帝。超越的神學家認為頭等重要的問題已經成為這樣的問題 —— 如宇宙的意義，宇宙是否有一個發展的方向等等。宗教傳統的本質是追求完善，揭示價值信奉。許多宗教團體開始公開宣稱，宗教的外部裝飾和象徵，如禮拜五不吃肉等等，是不重要的，甚至有害，因為這會混淆視聽，使人忽略宗教的真諦。

由於享受並獻身於存在價值的人使他們基本需求的滿足成為神聖的，因此他們也更能享受這種滿足。對於那些能從存在價值的角度也如從需求滿足的角度一樣彼此相待的愛侶，性交也能變成一種神聖的儀式。要體驗精神生活，無須在高山上打坐 10 年。只要能在一定程度上認知存在價值，就能使肉體和它的一切欲望成為神聖的。

如果我們認為教育的首要目的是實現和喚醒存在價值，我們將會有一種新型的重大發展。人會變得更堅強、更健康，並在很大程度上掌握他們自己的命運。對自己的生活承擔更大的責任，有一套合理的價值指導自己的選擇，人會主動的改造他們在其中生活的社會。趨向心理健康的運動也是趨向精神安寧和社會和諧的運動。

個人能達到的最高境界

假如你隨意挑出一本討論學習心理學的教科書，據我看，它的大半內容都會不符合「人本主義」主題。大部分這樣的書都會說學習是聯想的獲得，是技巧和能力的獲得；對於人的性格，那是外部的而不是內在固有的東西，對於人的人格和人自身也是如此。撿起錢幣或鑰匙或財物或諸如此

類的什麼東西，也像撿起強化物和條件反射一樣，那在某種很深刻的意義上看是很容易消耗掉的。你獲得了一種條件反射，那又有什麼關係；假如我對一個蜂音器的響聲的反應是流口水然後這又消失了，事實上對於我什麼也沒有發生；我沒有喪失任何重要的東西，不論什麼。我們幾乎可以說，這些大本的討論學習心理學的書沒有多少重要性，至少對於人的核心、人的靈魂、人的本質說是如此。

受到這一新的人本主義哲學的啟發，產生了一種新的學習、教導和教育概念。簡要的說，這樣的概念堅持認為，教育的功能，教育的目的——人的目的，人本主義的目的，與人有關的目的，在根本上就是人的「自我實現」——人形成豐滿的人性，人種能夠達到的或個人能夠達到的最高度的境界。說得淺顯一些就是幫助人達到他能夠達到的最佳狀態。

在教授學習心理學課程時，這樣的目的要求我們必須做出非常認真的轉移。它將不是一個聯合性的學習。一般來說，聯合性學習一般說肯定是有用的，特別是對於學習那些沒有根本意義的事情或學習那些最終可以調換的方式或方法來說是極為有效的。我們必須學會的許多事情都是這樣的。假如一個人需要記住某一外語的詞彙，他將透過死記硬背學會它。聯合的定律在這裡是有幫助的。或者，假如一個人要養成駕駛中的各種自動的習慣，例如對紅綠燈的反應之類，條件作用就顯得特別重要。特別是在一個技術化的社會中，它是重要的、有用的。但是，就成長為一個更好的人說，就自我發展和自我完成說，或就「成長為豐滿人性的人」說，這些最高的學習經驗是非常不同的。

在我的經歷中，這樣的經驗遠比上課、聽講、記憶頭部十二條神經和解剖人腦、或記憶肌止端、或在醫學院上生物課或其他這一類課程中所學的同類知識更重要。

　　對於我來說，第一個小孩子的出生是我經歷過的最為重要的經驗。我們的第一個孩子改變了作為心理學家的我，他使我曾非常熱衷追求的行為主義顯得十分愚蠢，使我不能再對它有任何容忍，那完全是不可能的。有了第二個孩子，又懂得人甚至在誕生前就是多麼不同，至此，我不可能再依據那種相信人能教任何人學任何事的學習心理學來思考問題。或者那種華生的理論：「給我兩個嬰兒，我能使一個成為這樣，一個成為那樣。」他似乎從來就沒有過任何孩子。我們現在已經非常清楚，任何父母都不能按照自己的意願任意造就自己的子女。孩子們自己使自己成長為某種樣子。如果孩子太堅持自己的意願時，我們充其量能做到的和我們經常能施加的最大影響，不過是作為某種被孩子反抗的對象。

　　另一個遠比我曾得到的任何特殊課程的教育和任何學位更為我所重視的深刻的學習經驗是我的人格心理分析：發現我自身的同一性、我的自我。另一個基本的經驗是結婚，這是一個遠更重要的經驗。就教育意義而言，這肯定遠比我的哲學博士學位更重要。假如一個人想的是我們都想要的那種智慧、那種理解力、那種生活技能，那麼他必須想的問題就是我稱之為內在的教育、內在的學習，學習做一個一般的人，然後再學習做這個特殊的人。我現在正忙於掌握住這一內在教育概念的一切副現象。但可以肯定的是，我一定能告訴你一些東西。在我看來，傳統教育具有嚴重的不足或缺陷。假如你按照這一框架想問題，想到成為一個好人，又假如你對你在高中學過的課程提出問題：「我學的三角課如何能使我成為一個更好的人？」一個聲音就會回答說：「天曉得！它根本不能！」從某種角度來講，三角學對我是浪費時間。我早年的音樂教育也不很成功，因為它教一個深深愛好音樂並對鋼琴極為迷戀的孩子不要學它。我有一位鋼琴老師，他實際上是告誡我不要接觸音樂，我只好在長大成人以後重新自學音樂。

請注意一下，我已經在談論目的。這是對十九世紀科學和當代職業哲學的革命性的揚棄，職業哲學實際上是一種關於技術而不是一種關於目的的哲學，因而我曾拒絕把實證主義、行為主義和客觀主義當作討論人性問題的理論，因而我曾拒絕那來自歷史偶然的整個科學模式和它的全部工作，這種偶然曾使科學研究非人格、非人的物。實際上從沒有目的的物作為開端的，物理學、天文學、力學和化學，直到它們變得脫離價值、價值中立，使純描述成為可能時，才真正有所發展。我們現在已經完全弄明白，重大的錯誤在於：這一從研究事物發展而來的模式曾不加思考的應用於對人的研究。這是一種可怕的方法，它是無成效的。

　　大多數建築在這一實證主義基礎上的心理學，是以客觀主義、聯想主義、脫離價值、價值中立的科學模式為依據的，當它由無數細小事實構成像珊瑚礁或像一座座山一般堆積起來時，肯定不是虛假的，但卻是瑣細的。我願在這裡指出，為了不致低估我自己的科學，我認為我們確實應該知道大量對人確有重要關係的事情，但我要堅持說，對人有重要關係的事情我們已經知道大都是由非物理主義的技術學會的，也就是由我們已經越來越明確意識到的人本主義科學技術學會的。

　　在一次開幕儀式上，一位學者談到世界形勢時說過這樣一段話：

　　錯誤不在於科學的偉大發現 —— 無論什麼知識和什麼無知，有知識總是比無知識好些。錯誤在於知識背後的信念 —— 知識將改變世界，那是不可能的。知識沒有人的理解就像一個答案沒有它的問題一樣，是無意義的。人的理解只有透過藝術才可能達到，是藝術的工作創造了人的觀點使知識轉變為真理……

　　就某種意義而言，儘管我理解這位學者為什麼這樣說，但我仍不同意

他的看法。他談論的是缺少這一新的革命、缺少人本主義心理學的知識，也就是缺少那樣一些科學的概念。也就是說，它不僅放棄要成為脫離價值和價值中立的想法，而且要真正承擔發現價值的必須任務和責任 —— 依據經驗，發現、證明、核實人性自身中固有的那些價值。這一工作現在正在積極的進行著。

這位學者所說的觀點也許適用於一八二十、一八三十年代。但在一九五十、一九六十年代的社會，只有在你還不知道有新心理學的情況下才是適當的。「人的理解只有透過藝術才能達到」，那在過去是正確的，現在它不再是正確的了。現在已有可能蒐集那些有助於人類理解的知識，在它內部帶有價值暗示、有向量、有方向的知識，走向某處的知識。

拒絕這樣的觀點：「藝術的工作創造了人的觀點使知識轉變為真理。」我們最好討論一下這一點。我們必須有某些標準區分好的藝術和不好的藝術。據我所知，在藝術批評領域中還不存在這類標準。它們剛剛開始存在，我願留下一個經驗的暗示。一種可能性剛剛開始浮現，我們將會有某些客觀的標準分辨好的藝術和不好的藝術。

假如你們的處境和我相似，你們就會知道在藝術中我們已陷入價值的全盤混亂。在音樂中，正試圖證明約翰·凱吉（John Cage）有某些勝過貝多芬的優點，或勝過艾維斯·普里斯萊（Elvis Presley）的優點。在繪畫和建築中，也存在著類似的混亂。我們不再有任何共有的價值。我不願浪費時間去讀音樂評論，它對我毫無意義。藝術批評也一樣，我也已經不讀了。我發現書評也經常是無益的，存在著一種全盤的混亂和價值標準的無秩序狀態。

例如，《星期六論壇》（*Saturday Tribune*）曾發表了一篇讚揚某一低劣

著作的評論。這是一位神學教授寫的,簡直是一團混亂。評論說,惡現在已變成善,因為這位教授在玩弄詞句時似乎有矛盾的現象:惡假如成為徹底的惡,它就在某種程度上變成善,從而也就有了對雞姦和吸毒的美的狂想。

對於花費大量時間力圖從這種事的痛苦中解救人的可憐的心理學者來說,那是不可理解的。一個已經成長的人怎麼能把這種觀點向年輕人推薦作為倫理學的一種引導呢?

假如學者說藝術作品能引導人到真理,我想他挑選的一定是一些特定的藝術作品,但他的兒子也許並不能被引導。於是,學者實際上沒有更多的話可說了!因為這一點無法說服任何人。我想這可能是某種信號,表示我們現在正處於一個轉折點。我們正在轉過一個拐角,某種新事物正在發生,有了一些可以覺察到的差異 —— 不是興味或專斷價值方面的差異。這些差異是以經驗為根據發現的,它們是正在被發現的新事物,並由此產生各式各樣關於價值和教育的命題。

發現之一是人有高階需求,他有類似本能的需求,那是他的生物資質的一部分。例如,需要得到榮譽,需要受到尊敬,需要有自我發展的自由。高階需求的發現帶有各種革命的涵義。

發現之二是我對社會科學曾提出過的論點:許多人開始發現,物理主義的、機械論的模式是一種錯誤,它已經引導我們……到何處,到原子彈,到美妙的殺人技術,如在集中營中看到的;到艾希曼(Eichmann)(納粹軍官,曾執行命令屠殺集中營裡成千上萬的猶太人)。我們是不能用實證主義哲學或科學駁倒艾希曼式的人物的,那是不可能的,直到他死他也不懂他錯在哪裡。就他而論,沒有什麼錯,他的任務完成得很漂亮。假如

你忘掉目的和價值的話，他確實做得很漂亮。我要指出的是，專業科學和專業哲學就是奉獻給忘掉價值這種命題的，就是排除價值的。由此必然把社會引導到艾希曼、原子彈，或天知道到哪裡！

我認為，這種把好的方法（或才能）和內容（與目的）分割的傾向會引起這種危險。

對於佛洛伊德做出過的偉大發現，我們現在能夠有所添加。我們現在正在改正他的一個大錯誤理念 —— 無意識僅僅是不合乎需求的惡，但無意識也含有創造歡樂、幸福、善和它自身的人的倫理和價值等等的根苗。我們現在發覺到，有健康無意識這種東西也如有不健康的無意識一樣。新心理學正在全力研究這一點。事實上存在主義的精神病學家和心理治療家正在把這種理解付諸實踐。各種新的療法也在實踐中。

因此，我們有一個好的意識和一個不好的意識，還有一個好的無意識和一個不好的無意識。而且，就某種非佛洛伊德的意義考慮，善是真實的。佛洛伊德之所以會犯錯，因為他受到自己的實證主義的局限。請不要忘記，佛洛伊德是一位物理主義、化學主義的科學家，他還是一位神經學家。他的一項白紙黑字的宣誓，曾表示要發展一種心理學能完全還原為物理學和化學的，這就是他獻身的目標。當然，他自己已證明他的觀點不能成立。

說到我宣稱我們已經發現的這一高等本性，問題在於我們對它做出怎樣的解釋？佛洛伊德式的解釋是還原論的，而且他把它解釋掉了。假如我是一個仁慈的人（這是一種反作用造作），為了掩蓋我要殺人的憤怒。從某種程度來看，這裡的殺人比仁慈是更基本的本性，仁慈是一種試圖遮醜、壓抑的方式，是一種防禦手法，只是為了使我不致認識到這一個事實 —— 是一個真正的謀殺者。假如我很慷慨，那是針對吝嗇的反作用造

型，我在內裡是真正的吝嗇。這是一種非常奇特的說法。現在已很清楚，這在一定程度上是用未經證明的假定進行辯論。例如，他為什麼不說殺人是對愛他們的一種反作用造作？同樣，這也是可以說得通的一個結論，而且，事實上對於許多人來說，是更真確的。

但讓我回到主要的想法上來，回到科學中這一令人興奮的新發展、歷史中這一重要的新時刻上來。我有一種非常強烈的感覺，意識到我們正處在一股歷史潮流的中間。一九五十年代是這樣的，如果再過 150 年，歷史學家對於我們的時代將說些什麼呢？什麼是真正重要的？什麼是正在進行著的？什麼是已經完成的？我相信，構成報刊大標題的許多東西已經完成了，只要我們努力堅持下去，人類「生長的尖端」是現在正在成長並將在一、兩百年內繁榮昌盛起來的東西。歷史學家將談論這一運動是歷史的衝擊。而現在，如懷特海德（Whitehead）曾指出的，當你得到一個新的模式時，一個新的範例時，當有了一種新的觀察方法，老的說法有了新的定義，現在意味著另外什麼東西時，你會突然得到一種啟示、一種豁然開朗的醒悟，你能以不同的方式看待事物。

例如，我所談論的新事物引起的後果之一是對佛洛伊德某一論點的直接否定，否定以經驗為根據的（非偽善的、或專斷的、或先驗的、或從願望出發的），否認在個人的需求和社會、文明的需求之間存在著一種必然的、內在固有的對立。事實恰好與此相反。我們現在已經知道有辦法設置條件使個人的需求變得和社會的需求協調一致而不是對立，使兩者為同樣的目的進行工作。我的這個觀點是一種以經驗為依據的陳述。

另外，關於高峰經驗的陳述也是以經驗為依據的。我們曾研究高峰經驗，問過成組的人和單個的人這樣一些問題：你生活中最歡樂的時刻是什麼？或如某一調查者所問的，你曾體驗過超常的歡樂嗎？有人可能會認

為，對一般人提這樣的問題可能僅僅招來白眼，但實際上卻有許多回答。很明顯，超常的歡樂都是作為個人的感受隱祕保存著的，因為在公開的場合是不好說出口的。這些歡樂使人難為情、不體面，它們「不科學」，因為這對許多人意味著一種根本的罪惡。

在我們對高峰經驗的調查中，我們發現許多激發物和許多能激發高峰經驗的經驗。顯然，幾乎所有的人，至少是大多數的人，都有高峰經驗或狂喜的時刻。或許也可以這樣提出問題：在你的一生中唯一最歡樂、最幸福的時刻是什麼？或許像我所提出的如下問題問自己：在高峰經驗的時刻，你對自己有什麼不同的感覺？世界看起來有何不同？你覺得自己像什麼？你的衝動是什麼？如果你在變化，你改變得如何？就經驗報告的簡單統計而論，音樂和性是兩種最容易獲得高峰經驗的途徑。鑑於對性的討論還不成熟，我願把性教育撇開，我敢肯定，有一天我們會不再把它當成笑料，而是認真對待並教導兒童，正如說音樂、愛、卓見、美麗的草坪、逗人的嬰兒等等許多通向天堂的道路一樣，性也是其中之一。它們碰巧是最容易的途徑，最廣泛存在的，最容易理解的途徑。

就我們鑑定和研究高峰經驗的目的看，我們很有必要提出一系列激發物的名單。由於名單太長，需要概括說明。似乎任何關於真正卓越、真正完善的體驗，任何關於趨向完全正義或趨向完美價值的經驗，都可能引起高峰經驗。當然實際上並不是如此。但這是我對許多我們集中研究過的事物要做出的一種概括，而且在這裡我是作為一個科學工作者說話的。這聽起來不像是科學的談論，但這是一種新的科學。

我曾發表了一篇學術論文說明，已經出現了自亞當和夏娃以來的真正的生育改進之一。這是一篇論述高峰經驗的文章，是一種關於自然生育孩子時的體驗，這能成為高峰經驗的強大泉源。我們知道應該如何鼓勵高峰

經驗，我們知道以怎樣的方式生孩子才最有利於產婦得到一種偉大而神祕的體驗，這也可以說，一種宗教體驗——一種萌發，一種啟示，一種醒悟，由於在相當數量的高峰經驗中會隨著帶來我曾稱之為「對存在的認知」那樣的結果，因此，人們在交談時提出這樣一種說法——簡直變成一種不同的人。

我們必須為所有這些未耕耘過的、未研究過的問題提供一套新的詞彙，這一「存在認知」實際上含有柏拉圖和蘇格拉底所說的認知的意思。你可以說這差不多等於一種幸福的工藝學——純卓越、純真理、純善等等的工藝學。是的，為什麼不可以是歡樂、幸福的工藝學呢？我必須添加一句話，這是唯一已知的、在父輩中誘導高峰經驗的技術。當我的妻子和我開始在大學生中進行這些調查時，我們偶爾發現了許多值得探討的線索。其中之一就是，雖然婦女談論生孩子時的高峰經驗，男人卻沒有這樣說過。現在我們有辦法讓男人也能從生孩子的過程中得到高峰經驗了。這在某種濃縮的意義上說明，生活在不同的世界中，人在改變，看事物不同了，有不同的認識，在一定意義上此後永遠趨向幸福的生活。現在這些都是論據，是通向隱祕體驗的種種途徑。由於這一類資料很多，所以我最好說到這裡為止。

在很多的高峰經驗的報告中，我發現很多來自我們或可稱為「經典」的音樂。我還沒有發現任何高峰經驗來自凱吉的音樂或來自安迪·沃荷（Andy Warhol）電影，或來自抽象表現派繪畫等類藝術，我確實沒有這樣的發現。帶有偉大歡樂、狂喜入迷、似乎看見另一世界或另一種生活水準等等的高峰經驗報告都來自經典音樂——偉大的經典傑作。我也必須報告，這融化於或融合成舞蹈或韻律。只要涉及這一領域的研究，它們之間的確沒有什麼不同，它們融合在一起了。我甚至可以附加說，當我談論音

樂把它當作通向高峰經驗的一條途徑時，我當然把舞蹈也包括在內了。在我的印象中，它們已經融為一體了。韻律的體驗，甚至最簡單的韻律體驗──好的倫巴舞（古巴人的一種舞蹈）或孩子們能用鼓敲打出的鼓點，我不知道你是否願把這稱為音樂、舞蹈、韻律、體育，或別的什麼東西。對軀體的愛、對軀體的覺知、對軀體的崇敬顯然是通向高峰經驗的良好途徑。好像這些反過來講，又是通向「存在認知」，認識柏拉圖式的本質、內在價值、終極存在價值的良好途徑。請注意，我在這裡用了好像這個詞，因為這不是有保證的，但在統計上是很有可能成為良好途徑的。這種認知又是有治療效果的，它既能促進疾患的治癒，又能促進趨向自我實現的成長，即趨向豐滿人性的成長。

換句話說，高峰經驗往往是有結果的，它們能有非常非常重要的結果。音樂和藝術在一定意義上有同樣的作用；這裡有某種程度的交迭。只要一個人能保持他的目標端正，知道他在做什麼，意識到他正在走向何處，高峰經驗能像心理治療一樣有助益。我們一方面肯定能消除症狀，如陳腐思想、焦慮的消除等等；另一方面，我們能發展自發性、勇氣、奧林帕斯十二神或上帝般幽默之類的東西，以及發展感性覺知、軀體覺知等等。

最普遍發生的情況是，音樂、韻律和舞蹈是發現自我同一性的最佳途徑。我們是以這樣一種方式構成的，它能使這種類型的誘因、這種類型的刺激對我們的自主神經系統、內分泌腺、我們的情感和我們的情緒發生種種作用。實際上也的確是這樣。我們只是還沒有足夠的生理學知識，弄不清楚為什麼會如此。但這是的的確確的，是我們不會弄錯的體驗。

它有點像痛楚，那也是不會弄錯的體驗。也就是說，體驗上空虛的人不知道他們自己身內正在進行著什麼事情，只能靠鐘錶、日程安排定律、常規或鄰人的暗示生活，並且通常受他人左右。音樂、韻律和舞蹈是發現

自我是怎麼一回事的一種途徑。很不幸，這種人在人口中占很大部分。這裡有來自內部的信號，有內部喊出的聲音：「天啊，這多好，這是肯定無疑的！」這是一條通道——我們實現自我實現和發現自我的途徑之一。自我同一性的發現是透過衝動的聲音得到的，透過傾聽你自身內部的主要部分、傾聽它們的反應、傾聽你內部正在進行的活動得到的。這也是一種實驗的教育，假如我們有時間討論這個問題，它將引導我們進入另一平行的教育設施、另一種類型的學校。

數學也能引起高峰經驗。實際上，數學和音樂同樣美妙。自然，有一些數學教師是極力防止這種情況的。直到我 30 歲時，直到我讀到某些討論這個問題的著作時，我才懂得數學也可以作為一種美學來研究。從學習另一種文化的意義上講，歷史學或人類學、社會人類學、或古生物學、或科學研究也能如此。在這裡我想再提出我的論據：假如傑出的創造者、大科學家、有創造性的科學家一起工作，那麼他們的談話方式就是高峰經驗。科學家的形象必須改變，它正在讓位給一種對於有創造性的科學家的理解，這樣的科學家是靠高峰經驗生活的。他生活只是為了迎接光榮的時刻——這時一個問題解決了，這時他透過一架顯微鏡突然間看到事物以一種非常不同的方式顯現，這是啟示、萌發、豁然開朗、理解、狂喜的時刻；這對他是至關重要的。科學家對此是非常非常羞澀和難為情的。他們在公開場合拒絕談論這方面的感受，要採取非常非常精心的安排才能得到這方面的資料，我曾設法完成了這一任務，現在我們已知道這是怎麼一回事。假如一位有創造性的科學家認為他不會因為這些事情而遭遇嘲諷，他將會羞報的承認，他確曾有過高度激動的體驗，例如，當一項關鍵的相關關係得到證實的時刻等等就是如此。他們僅僅不願談對這些事的感受，至於通常的教科書，更不會勞神討論這樣的問題。

假如我們充分意識到我們正在進行的工作所具有的重要意義，那麼，我可以毫無顧慮的斷言，我們完全有可能改善現在這種狀況。換個方式說，假如我們在哲學上也有足夠的洞察力，我們將有可能利用這些體驗，利用這些極易引起狂喜、極易使人得到啟示的體驗，使人豁然開朗、極端幸福、欣喜若狂的體驗。我們將有可能利用它們作為一種模式來重新評價歷史教學和任何其他教育工作。

最後，我在這裡想要說明的問題，而且我敢肯定的說，這對每一位從事藝術教育的人都是一個問題。這個問題就是音樂、藝術中的有效教育，要比通常的「核心課程」更為接近我這裡所談論的那種內在教育 —— 一種以學習一個人的自我同一性為一項基本任務的教育。假如教育做不到這一點，它就如同垃圾一般無用。

教育的目的就是使人學會成長，學習向哪裡成長，學習分辨好壞，學習分辨合意和不合意，學習選擇什麼和不選擇什麼。在這一內在學習、內在教導、內在教育的範圍內，我認為，藝術，特別是我曾提及的那些藝術，是非常接近我們的心理和生物的核心的，非常接近這一自我同一性、這一生物同一性的，因此，這些課程不該被認為是某種攪拌過的奶油或奢侈，而必須使它們變成教育中的基本經驗。我的意思是說，這種教育能夠成為無限和終極價值的一種閃現。這一內在教育最好能有藝術教育、音樂教育和舞蹈教育作為它的核心。

我想，把舞蹈作為第一項選擇給孩子們，對於 2 ～ 4 歲的孩子，他最容易學的僅僅是節奏。這樣的體驗也是一種非常合適的模式或方法。如果想把其餘的學校課程從它們已經陷入的脫離價值、價值中立、無目標的無意義狀態中挽救出來，我們也許只有這一條途徑。

「約拿情結」與「需求懲罰」

追求自我實現的人，他們的全部基本需求（包括歸屬，情感，家，尊重和自尊）都已得到滿足。這就是說，他們有一種有所依歸感，有根基感，他們的愛情需求已經滿足，有朋友，感到為人所愛，值得被愛，他們在生活中有一定的社會地位和職責，能得到他人的敬重，並有適當的價值感和自尊。反過來說，就這些基本需求受挫的意義說，就病理學的意義說，這些追求自我實現的人不會產生任何焦慮，不覺得無保障、不安全，或者孤單、受排斥、無根底或被隔離，不覺得不被人愛、被拒絕、或不被人需要，不覺得受輕視、被人瞧不起，不覺得毫無價值，也沒有任何自卑和無價值的受傷感。

這當然也可以換種說法。例如，鑑於基本需求被認為是人類的唯一動機，因此有可能而且在某些場合也有必要說，追求自我實現的人是「無動機的」。這是把這些人歸入東方哲學的健康觀一類，認為健康是超越追求，超越欲望或需求。這一點與古羅馬的斯多葛派看法相同。

或者說追求自我實現的人是在表現而非爭取，他們是自然的、自發的和從容不迫的。這種說法還有一個好處，即符合對精神官能症的看法，認為精神官能症可以理解為一種爭取機制，是一種合理的（雖然愚蠢而可怕）努力，以求滿足更深層的、更內在的、更生物性的自我需求。

但就某些目的說，最好也能提問：「追求自我實現的動機是什麼？自我實現中的心理動力是什麼？什麼力量促使他行動和奮鬥？什麼驅策（或牽引）這樣的人？什麼吸引他？他希望得到什麼？什麼使他惱怒，使他獻身，或自我犧牲？他覺得對什麼熱心，專心？他重視什麼，企求、渴望什麼？

顯然我們需要區分兩種動機，一種是自我實現水準以下的人的普通動機，即受基本需求所激勵的人的動機，另一種是他們所有基本需求都已充分得到滿足，因而主要不再受這些需求所激勵，而是受「高階」需求所激勵的人的動機。因此，我們最好稱追求自我實現的人的這些高階動機和需求為「超越性需求」，並在動機範疇和「超越性動機」範疇之間進行區分。

已經很清楚了，雖然這些基本需求的滿足可能是超越性動機的先決條件，但它卻不是充足條件。我有個別的研究對象，在他們那裡，顯然的基本需求滿足和「存在性精神官能症」、無意義狀態、無價值狀態等等是並存的。超越性動機似乎並不會在基本需求滿足以後自動到來。我們還必須說到「對超越性動機的防禦」這一補充因素。為了便於理解和理論上的成立，這意味著有必要對追求自我實現的人提出附加定義，即他不僅沒有疾病，基本需求有充分滿足，能積極運用他的能力，而且受到某些價值觀念的激勵，那是他所追求、探索並甘願為之獻出忠誠。

每一個這樣的人都獻身於號召、事業、熱愛的工作或「他們身外的」某項任務。

在對自我實現的人進行直接考察時，我發現他們毫無疑問都是忠於自己事業的人，獻身於某一「他們身外的」任務，某一事業或責任，或心愛的工作。這種獻身精神非常突出，我們能用事業、使命等過時的詞彙恰當的說明他們對「工作」的忘我而深厚的熱情和熱忱。我們甚至還能沿用命運或命中注定這樣的詞彙。我有時甚至談到宗教意義上的奉獻，把自己奉獻給為某一特定任務而設的祭壇，某一自身以外而又大於自身的奮鬥目標，某一非個人的事業。

關於命運的概念，用這一詞彙來表達某一印象其實並不恰當，當你傾

聽追求自我實現的人談到他們的工作或任務時，你會得到這樣的印象，你會覺得那是一項心愛的工作，而且，似乎他「生來」就是為了做這件事的，對於這件事他是那樣的適合，似乎這件事正是為他準備的。你很容易會感到那好像是一種先天設定的和諧，或者，像是完善的愛情或友誼，雙方誰也離不開誰，你為了我，我想著你，在最美滿的情況下，他和他的工作就像一把鑰匙和一把鎖那樣彼此吻合相依相隨，或者像唱出的一個音符和鋼琴健盤上彈出的某一曲調交響共振。

以上所論述的一切對女性研究對象來說，甚至在一種不同的意義上也似乎適用。我至少有一位婦女被試完全獻身於盡母親、妻子、家庭主婦之責。她的事業，你可以直接稱之為養育孩子、侍奉丈夫、維護親友。這方面她做得非常好，而且就我所知，她是以此為樂的。她全心全意的愛她的命運，從不想別的什麼事情，並能竭盡全力去做。另一些婦女研究對象對家庭生活和職業工作曾做出種種結合的安排，給人同樣的獻身於某事的印象，似乎這件事情既是可愛的，又是重要的，值得去做。有些婦女也曾使我不禁認為，他們會把「要一個孩子」這件事本身當作最充分的自我實現，至少那段時間內是這樣，但我也承認，我也對婦女中的自我實現持保留態度。

在理想的情況下，內部的要求和外部的要求配合得很好，「我需要」和「我必須」一致。

我往往有一種感覺，在這樣的情境中，似乎我能把這一由兩重性創造出統一性的交互關係（或合鑄，或整合，或化學反應）的兩類決定因素拆開，而這兩類決定因素能各自獨立變化並且在真實的改變著。其一可以說是個人內在的反應，如「我愛孩子（或繪畫，或研究工作，或政治權力）勝過一切。我瘋狂的愛，……我難以控制，我需要……」。我們可以稱這

為「內部的要求」，它的感受是自我沉迷而不是責任。它和「外部的要求」不同而且是分隔開的。後者寧可說是對環境、情境、問題、外界要求於個人的東西的一種反應，就像一場火災「要求」撲滅，或一個無助的嬰兒需要人照顧，或某個明顯的不公正要求糾正一樣。在此，人感到的簡直可以說是責任或義務或職責所在，無可奈何的被迫做出反應，不論他原先的計畫如何，想做些什麼。這寧可說是「我必須，我不得不，我被迫如此」，而不是「我要如何」。

多虧有那麼多的美妙時刻提供出理想境界，把「我要」和我「必須」統一起來。內部要求和外部要求配合得很好。這時，觀察者會由於他所見到的強迫性、不可抗拒性、先天性、必然性、和諧性等等所達的程度而吃驚。而且，觀察者（正如相關的人一樣）會覺得不僅「它不得不如此」，而且「它應該如此，那是正確的、合理的、恰當的」。我常常感到這兩方面相互依存，這種「二合一」有格式塔（完形）的性質。

很難判定是否可以把這些僅僅稱為「意向」。因為那可能表示，它的發生僅僅是出於意願、目的、決斷或計算，而並不充分著重面對潮流而寧願順從命運，同時愉快的擁抱命運的主觀感情。理想的情況是，人也努力去發現自己的命運；命運不僅是做出的、構成的、或判定的，它是認識到的，彷彿一個人始終不由自主的等待著它。也許更好的說法是「史賓諾沙式的」或者「道家的」抉擇或決斷或目的 —— 甚至意志。

最形象的描述方式是用「陷入情網」來比喻將這些情感傳遞給那些不能直覺的、直接的理解的人，這顯然不同於盡責，或做合理的或合邏輯的事。至於「意志」，說起來也只能用於非常特殊的意義。而當兩個人彼此十分相愛時，雙方就都會懂得磁鐵是怎麼回事，鐵屑是怎麼回事，同時兩者結合又如何？

這一理想情境能引起幸運感，也引起矛盾心理和自卑感。

而那些無法用語言表達的感受也可以用這些比喻來傳遞，即他們的幸運感，巧遇感，感恩之情，敬畏心，慶幸這一奇蹟的發生，驚喜他們的入選，感到有一種驕傲和惶恐的奇特混合，以及對不幸者的同情勝過了沾沾自喜，那是人人都能在愛侶中發現的。

當然，幸運和成功的可能也會使各式各樣的精神官能症畏懼、慚愧感、逆反價值、約拿（Jonah）（《聖經·舊約全書》中的先知，比喻帶來不幸的人）症候群等等都進入活動狀態。只有克服了這些對我們最高可能性的防禦，才能全身心的追求最高價值的實現。

這種水準已經超越了工作和娛樂的二歧化，必須放在更高水準上來對報酬、其餘愛好、休假等加以說明。

他是他自己那樣的人，或他就是他自己，或他在實現他的真我，這是對這樣的人的最高有意義的評估。一個抽象的說法，從這樣的觀察向終極而完善的理想的推論大致是這樣的：這個人是世上最適合這一工作的人，而這一特定工作是世上最適合這一特定人的工作，最適合他的才華、能力和愛好。他是為它準備的，它也是為他準備的。

我們承認這一點並有所感受後，便會自然進入存在和超越的話題範圍。現在我們只能以存在語言進行富有意義的談話了（「存在語言」，神祕程度的交流等等）。例如，在這樣的人那裡，很明顯，工作和娛樂之間通常或習慣的脫離已經完全被超越。那就是說，對於這樣的人在這樣的情況下，工作和娛樂之間肯定已無區別。他的工作就是他的娛樂，他的娛樂就是他的工作。假如一個人熱愛他的工作並從中得到的享受勝過世上任何其他活動，假如他在工作的任何中斷以後都熱切希望再重返工作，回到它那

裡去，那麼，我們就不能說一個人被強迫去做他所不願做的事並稱之為「勞動」。

例如，關於「休假」一詞在這種特殊環境下的意義。在這樣的人那裡，常可觀察到，在他們的假期中，在他們完全有自由選擇他們願意做什麼的時期中，在他們對於任何其他的人都沒有承擔什麼外部的義務時，恰恰是在這樣的情況下，他們愉快的並積極的獻身於他們的「工作」。或者，「想得到某種樂趣」，尋求某種消遣，這時又意味著什麼呢？什麼是他的「責任」、職責、義務呢？什麼是他的「業餘癖好」？

金錢或報酬或薪水在這種情況下又有什麼意義？顯然，最美好的命運，對每個人而言的最大幸運，莫過於因為做了他熱愛的事而得到報酬了。這正是或幾乎完全是我的許多（大多數？）研究對象所遇到的情境。自然，金錢是受人喜愛的，也是被人們所需要的。但它肯定不是最終的需求，不是目的，也不是終極的目標（存在程度上的工作），由於它自身固有的獎賞價值，使金錢或薪水支票轉變為一種副產品、一種副現象。這自然和大多數人的情況不一樣，大多數人是為賺錢養家餬口而從事他們並不情願去做的業務。存在領域中錢的作用肯定和缺失與基本需求領域中錢的作用有所不同。

對這些問題如果在猴子和類人猿中已做出調查研究，將有助於理解我的論點，即這是用科學的方法進行調查研究的科學問題。最明顯的例子自然是關於猴子好奇心的大量研究文獻，和關於人類對真理的渴望與滿足的其他先驅研究。但在原理上同樣容易做到的是探索猿猴和其他動物的審美選擇，不論是否在馴化的條件下，試驗的對象選樣是否健康，或者是在較好或較次的條件下進行選擇等等。對於其他存在價值如秩序、統一、公正、合法、完全等也一樣，在動物和兒童中，這些都應該是有可能進行探討的。

但很顯然,「最高」的往往被認為是「最弱」的、可有可無的,而且不是迫切的,也最少自覺、最容易被壓抑。基本需求,由於占優勢,可以說是推進到行列之首,因為它們對生命本身更必需,對肉體健康與生存更不可少。不過,超越性需求也確實存在於自然世界和普通人中。在這一理論中並不需要超自然的干預,也沒有必要任意發明存在價值,它們並不是由經驗所得,也不是邏輯的產物,或意志行為的結果。其實任何人都能夠揭示或發現存在價值,只要他願意並能夠重複這樣做。許多這樣的命題能夠公開處理或示範,即同時由兩位或更多的研究者發現。

　　我敢肯定對高階的價值生活的研究的成功進展,因為可以假設它能隨科學的調查研究而且處於科學的勢力範圍之內。高階價值生活知識的發展不僅能增進人的彼此理解,而且開闢了自我改善和人類改善以及所有社會制度改善的新的前景。當然,顯而易見,我們無須想到「同情的策略」或「精神的技術」便惶恐不安:很明顯,它們一定會和那種「低階的」策略和技術截然不同。

　　熱愛事業的人一般都能把自身融入工作中去,而且工作也成了他們本身的代表性特徵,工作成為他們自身的一部分。

　　假如你問這些,自我實現的、熱愛工作的人:「你是誰?」或「你是什麼人?」他肯定會依據他的「職業」回答,如:「我是律師」;「我是一位母親」;「我是精神病學者」;「我是藝術工作者」等等。即,他告訴你,他把他的職業或任務和他的身分、他的自我等同起來。通常會成為他整個人的一個標籤,即變成他的一個代表性特徵。

　　或者,假如你問他:「假定你不是一位科學家(或一位教師,一位駕駛員),你想成為什麼人?」或者,「假定你不是一位心理學家,又會怎麼

樣？」我想他肯定是一陣茫然，陷入沉思，久久無法作答。或者，能成為一種逗趣，彼此逗著說笑。

實際上，回答是「假如我不是一位母親（或人類學者，企業家），我就不是我自己了，我就成了另一個人。我無法接受自己成為另一個人」。這就像你面對著「假如你是一個女人而不是男人」時所產生的困惑的反應。

追求自我實現的人所心愛的職業通常已成為他自身的一個代表性特徵，可等同於、結合於、內投射於自我。它成為他的存在的一個不可分解的方面。

我沒有向某些尚未完全滿足需求的人故意提出這樣的問題。我自己認為，上述結論對於某些人（他們的職業對於他們是一種外部的工作）是不大適用的，而在另一些人那裡，工作或職業能變得在功能上成為自主的，即，他僅僅是一位律師而不是一個脫離律師的什麼人。

他們所全身心投入的工作可看成是自身價值的展現。這些任務是深受歡迎的（是內投射的），因為它們展現了這些價值。即，最終所愛的是這些價值而不是工作自身。

假如你問這些人他們為什麼熱愛他們的工作（或者，更具體的說，什麼時刻他們才能感到工作中的較高滿足，有哪些獎賞使得一切必須的勞動變為有價值的和能較輕鬆承受的，或有哪些高峰時刻或高峰經驗），你會得到許多特殊類型的回答。

你當然還可得到很多「目的答案」──如「我只是愛我的孩子罷了。我為什麼愛她？就是愛嘛」；或「我能從提高我的工作業績中得到很多歡樂，有價值的成就，不論它們（令人滿足）的程度如何，這一點是確定無疑的，它們是內在的強化因素。」

由於帶來公正而感到高興。

由於制止了殘酷和壓榨而感到高興。

自我實現者的動機和滿足，透過他們的工作和其他途徑得到的（在基本需求滿足以外）。

和謊言與虛偽進行對抗。

他們希望好心有好報。

他們以做好事為樂。

他們讚美守信、才華、美德等等。

他們避免招搖、名望、榮耀、受愛戴、受祝賀，或至少是不奢求名譽。不論怎麼說，名譽似乎被看得很淡薄。

他們似乎喜歡愉快的結局，美滿的完成。

他們不需要曲意結交每個人。

他們總是選擇自己的少數幾個目標；不是對廣告、對運動、或對他人的督促做出反應。

他們更喜歡和平、安寧、文靜、適意等等，而不喜歡躁動、格鬥、戰爭等等。他們不是各條戰線上的一般戰士，但在「戰爭」中能過得快活。

他們憎恨罪惡的得逞，也憎恨在罪惡面前退縮畏懼。

他們是善於懲罰罪惡的人。

他們力圖矯正事態，淨化不良情境。

他們似乎也很精明、現實，不常有不實際的時候。

他們設法以某種方式做到既熱愛現實世界同時又力求改善它。

無論如何都有希望能改善人、自然和社會。

他們喜歡有效率，厭惡沒有效率、拖拖拉拉。

他們的戰鬥不是起因於敵意、妄想狂、自大狂、權力欲、反叛等等，而是為了正義。那是以問題為中心的。

觀察顯示他們對他們的孩子總是非常喜歡，他們能在幫助孩子成長、成才中得到很大樂趣。

他們不需要或不尋求或甚至非常不喜歡奉承、稱讚、出名、地位、威望、金錢、榮耀等等。

感激的表示，或至少經常意識到自己的幸運。

無論如何他們似乎都能很現實的分清善惡。

他們在一項工作中能迎接挑戰。

有機會改善環境或改善操作是一種極大的獎賞，他們能從改善事物中得到樂趣。

他們有一種下意識追求高尚的行為，那是優越者的責任感，就像見多識廣的人有耐心、能寬容，如對待孩子的態度。

他們憎恨（並與之抗爭）腐敗、殘暴、惡意、不誠實、浮誇、假冒和偽造。

他們極願把事情做好，「工作做得出色」，「把需要做的事情做好」。這許多說法加在一起等於「創造好的作品」。

當老闆的一個有利條件是有權使用公司的錢財，有權選擇扶助某些事業。他們喜歡在他們認為重要的、美好的、有價值的事業上花自己的錢，以行善為樂。

他們力求使自己從幻覺中解放出來，勇敢的正視事實，撕去偽裝。

他們為人才浪費而深感惋惜。

他們不做卑鄙的事，也憎恨別人做卑鄙的事。

他們會被神祕的、未解決的問題、未知的、困難的問題所吸引，而不是被這些問題所嚇退。

他們能把規律和秩序引入雜亂無章的情境或骯髒不潔的情境，並因而深感滿足。

他們往往認為，所有人都應該有機會發展他的最高潛能，應該有公平的機遇，同等的機會。

他們勇於承擔責任（並能克盡自己的責任），當然也不懼怕或迴避他們的職責，他們響應職責的呼喚。

他們一致認為他們的工作是有價值的、重要的，甚至是基本的。

他們喜歡看到並幫助他人自我實現，特別是年輕人的自我實現。

他們喜歡看到幸福，並促進幸福。

他們由於認識高尚的人（勇敢的、誠實的、有效率的、直爽的、寬宏的、有創造力的、聖潔的等等）而得到很大快樂。「我的工作使我接觸了許多傑出的人」。

他們崇尚較高的效率，使行動節奏更敏捷，更緊湊，更簡單，更迅速，更少花費，能做出更好的產品，用較少的辦法去做，程序簡單，異常靈便，不那麼費力，有安全防護，更「文雅」，不那麼艱苦。

可以設立較少的幾個範疇來將這些得到獎賞的時刻進行分類。我也很清楚，最好而且最「自然」的分類大都是或完全是屬於一種終極而不能再簡化的抽象「價值」，如真理、公正、美、獨特、新穎、嚴密、簡潔、

善、乾淨、效率、愛、誠實、單純、改善、秩序、文雅、成長、清潔、真切、寧靜、和平等等。

專業對這些人來說不是功能自主的，而是一種載體、一個工具，或直接看成是終極價值的化身。對於他們，舉例說，法律的職業是達到正義目的的一種手法，而不是目的本身。或許我能以下述方式傳遞我對這種細微差別的感受：對於某一個人，他喜愛法律是因為它的正義性，而另一個人，一位純粹的脫離價值的專家，也可能喜愛法律，但僅僅把它看作一套自身可愛的法則、判例、程序，它們和運用它們的目的或產物無關。可以說他愛的是運載工具本身，並不涉及它的目的，就像一個人愛一種遊戲，那是除了作為一種遊戲如下棋以外再無其他目的的。

有幾種對以某一「事業」、某一職業或某一的自居作用的區分方法必須學會。一種職業能成為達到隱蔽的和壓抑的目的的一種方式，正像它能成為一種目的自身一樣容易。或者，更恰當的說，它能受缺失需求，甚至精神官能症需求的激勵，也像受超越性需求激勵一樣。它能受一切或任何那些需求以及超越性需求的激勵以任何構型做出多重決定或過度決定。「我是一個律師，我愛我的工作」，從這樣簡單的陳述中無法了解我。

我意識到，我們更有可能發現一個人的「工作」受超越性動機驅動而不是受基本需求激勵是在他更接近自我實現、更接近豐滿人性等等。對發展程度更高的人，「法律」更有可能成為一種尋求正義、真理、善良等等的途徑，而不是為了經濟保障、讚譽、地位、威望、優越、支配他人等等。當我提問：你最喜歡你的工作的哪一方面？能給你最大的愉快的是什麼？你能從你的工作中得到滿意的刺激往往定在什麼時刻？當我提出這一類問題時，這樣的人更容易以內在價值的概念，以超個人的、超越自私的、利他的滿足等等概念作為回答。例如說，看到公正的實現，完成了一

件好事，真理獲得伸張，善有善報，惡有惡報等等。

這些內在價值或許多等同於存在價值或至少大部分與存在價值有重疊。

之所以存在價值和終極價值或內在價值十分被接受，是因為我一直在對我的不夠堅實的資料進行研究時是這樣設想的，因而產生了這樣的效果。很清楚，在它們之間有相當大量的重疊，而且還可能接近相等。我覺得利用我對存在價值的說明是合乎需求的，因為存在價值可以用那麼多不同的操作方式做出規定性的說明。那就是說，它們是在許多不同調查路線的終端發現，因而讓有的人猜測在這些不同的途徑如教育、藝術、宗教、心理治療、高峰經驗、科學、數學等等之間更符合理論。假如事情真是如此，我們或許發現另一條通向終極價值的道路，即「事業」、使命、天命，也就是追求自我實現的人的「工作」。自我實現或人性更豐滿的人顯示，不論他們職業內外或工作勞動各個方面都有一種對存在價值的熱愛和由此而得到的滿足。

也許可以這樣說，所有基本需求都得到充分滿足的人就轉而受內在價值的「超越性激勵」，或不管終極價值以何種方式出現，它都能或多或少起作用。

還可以說：追求自我實現的人主要是受到超越性需求 —— 存在價值的超越性激勵，而並非受基本需求激勵。

自我與非我之間的界限已被超越，因為那種內投射說明自我已包含了世界各個方面。

這些存在價值或超越性動機因而不再單單屬於心靈或機體。它們是內部的，同樣也是外部的。超越性需求，就它們是內部的來看，和一切外在

於個人的所需，兩者是互為刺激與反應的。它們之間的界限慢慢變得模糊，即趨向整合在一起。

這說明已經瓦解了自我與非我之間的區分，世界與個人的分化較少，因為世界已被納入自我的軌道。他變成一個擴大的自我，我們可以這樣解釋。假如正義或真理或合法性現在對他那麼重要使他和它們打成一片，那麼，它們現在何在呢？在他的皮囊內還是皮囊外呢？此刻這種區別已接近於毫無意義，因為他的自我不再以他的皮膚作為邊界。內部的光現在似乎和外部的光沒有區別。

肯定簡單的自私已被超越而必須做出較高程度上的規定說明。例如，我們知道，一個人有可能把食物讓給孩子吃，這能比他自己吃得到更多的快樂（自私？不自私），他的自我已大到足以包容他的孩子，傷害他的孩子等於傷害了他。很明顯，這個自我不再能等同於那個生物學角度的個體，那是從他的心臟沿著他的血管供應血液才存在的。心理的自我顯然能大過他自己的軀殼。

熱愛的事業、價值肯定也與親愛的人一樣，能被併入一個人的自我並成為自我的規定性特徵。例如，許多人那麼熱情激昂的投身於防止戰爭或反對種族歧視或貧民窟或貧困的活動，因而他們完全願意犧牲一切，甚至獻出自己寶貴的生命。而且很清楚，他們並不僅僅為了保全自己的軀體才這樣做的。某種人的東西已超出他的軀體了。他們是為了捍衛作為一般價值的正義，為了全人類的正義，一種作為原則的正義。攻擊存在價值就等同於攻擊任何一個把價值併入自我的個人。這樣的一種攻擊已變成一種人格的侮辱。

融合了個人最高的自我和外部世界，有時意味著融合自我與非我，但

這不僅適用於自然世界，而且也適用於其他的人。那就是說，這樣一個人的自我的最受珍惜的部分，與其他追求自我實現的人的最受珍視的部分是同樣的。這樣的自我是相互重疊的。

另外，其他對於價值與自我結合的重要後果諸如對外部世界中或他人中的正義與真理的熱愛。你能在你的朋友追求真理和正義時感到欣慰和快樂，而在他們離開真理和正義時感到由衷的悲哀。這是容易理解的。但假如你看到自己成功的接近真理、正義、美和美德時又如何呢？當然，你也可能會發現，在一種特殊的對一個人自己的超脫和客觀態度中（我們的文化對此沒有留下位置），你會愛你自己，讚美你自己，像佛洛姆曾描述過的那種健康的自愛那樣。能自尊自重，自我欣賞，自我慰藉並自我激勵，自覺有德，值得愛，值得尊重。因此，一個具有傑出才能的人也可能會保護他的才能和他自己，好像他是某種東西的載體，那是他自己同時又不是他自己，他可能會成為他自己的衛兵。

利用工作來達到低階需求的滿足，是發展程度較低的人的反應，而習慣上將工作看成達到某一目的的方法，則是精神官能症需求的滿足或作為教養期待的一種反應，但很可能這只是程度大小不同。或許，所有的人在一定程度上都（潛在的）受超越性動機支配。

這些人，雖然實際上是為法律，或為家庭，或為科學，或為精神病學，或為教學，或為藝術在工作著，服務於工作的某一慣常類別，受它的激勵，忠實於它，但似乎也受到內在的或終極的價值（或終極的事實，或實在的各個方面）所激勵，而職業只是這些價值的載體，這種印象是我透過觀察並與他們交談而得到的。例如，問他們為什麼喜歡行醫，或在操持家務中，或主持一個委員會，或有了一個孩子，或寫作中，究竟有哪些深感愉快的時刻？他們有充分的理由可以說他們是為了真、善、美，為了建

立秩序、公正、法律和完美而工作，假如我把上面的具體報告歸結為十來種內在價值（或存在價值）就會得到這樣的結果，這些報告說明了他們的渴望是什麼，什麼使他們感到滿足，他們珍視的是什麼，他們日復一日的工作是為了什麼，以及他們為什麼要工作。很明顯，這種價值不在終極價值範圍之內。

我沒有著重去選擇一個特定的控制對象或非自我實現的人來作為研究對象。我可以說，人類的大多數是一個控制組，的確如此。關於一般人對待工作的態度，不成熟的、精神官能症的和瀕臨病態的人，心理變態者，我確有相當大的把握，從未產生疑義，他們的態度是以獲取金錢、得到基本需求的滿足（而不是以存在價值）為中心，是純習慣，受刺激制約，是精神官能症的需求，是常規和惰性（未經審查的或無疑問的生活），是做他人所指示或希望去做的事情。然而，這一直接的常識或自然主義的結論，對於較細膩、較嚴格控制和有計畫、能做出肯定或否定結論的審查，自然也是很容易感受到的。

我明顯的意識到，其實很難區分被我選為自我實現者的研究對象和其他的普通人。我相信，我所研究的每一位自我實現的人多多少少都符合我的上述說法；但同樣的事實是，其他不那麼健康的人也有些人是在某種程度上受存在價值支配，受超越性動機支配的，特別是那些天賦較高的人和處境特別幸運的人尤為突出。也許，所有的人都在某種程度上受超越性動機支配。

除了純習慣或常規或功能自主，其他多種動機活動的管道都可以看作事業、職業或工作的傳統類別。它們可以滿足或徒勞的尋求滿足任何一種或所有各種基本需求以及典型的精神官能症需求。它們可以成為一種「演出的」管道，或成為「防禦的」活動，正如成為真實的滿足一樣。

既有我的純習慣印象的支持，又有一般的心理動力理論的論證，我最終發現，最真實而又最有效的說法是：所有這些各式各樣的習慣、決定因素、動機、和超越性的動機是在一種非常複雜的形式中同時起作用的，這一形式更傾向於以一種動機或決心而不是以其他多種動機為核心。這就是說，發展程度最高的人都是在更高程度上受超越性動機支配的，比一般的或較弱的人較少受基本需求的左右。

　　另外，這裡也有「混淆」因素的作用。我曾報告過我的印象，我的自我實現研究對象似乎能夠很容易並堅決的為他們自己「找到方向」。這和那種廣泛流行的價值混淆形成高度的對比。不僅有混淆，而且存在著一種顛倒是非的奇怪邏輯，一種對於善良的（或力求成為善良的）人的下意識的敵對，或無端排斥優越、傑出、美、才華等等。正如納爾遜・艾格林（Nelson Algren）所說：「政治家和知識界的人都使我厭煩，他們似乎太虛偽；近來我看到很多人，包括妓女、家賊、賣破爛的等等卻似乎相當真實的人。」

　　這種仇視我曾稱之為「對抗評價」。我有時直接稱之為尼采（Nietzsche）式的忌恨。

　　內在價值必須作為人性的一部分包含在人或人性的完滿定義之內。

　　那麼，如果我們要給真實自我、自我同一性、真誠的人的最深層的、最真切的、最基本的體質方面下定義，那麼就要做到概括全面，我們不僅必須容納人的體質、氣質，不僅涉及解剖學、生理學、神經和內分泌學，不僅考慮他的能力、他的生物學類型、他的基本的類似本能的需求，而且必須包括存在價值，也就是他的存在價值。這應理解為對沙特型的武斷存在主義的毫不留情的否決，沙特認為是命令創造了自我。存在價值同樣是他的「本性」的一部分，或他的代表性特徵的一部分，和他的「低階」

需求並存，我的自我實現研究對象中至少是這種情況。存在價值必須包括在任何關於人或豐滿人性或「某人」的所有終極價值定義中。

的確，存在價值在多數人中並不十分明顯或未能實現（未能成為真實的、起作用的存在）。但是，它們被包括在人類所有個體的潛能之內。自然，也要考慮到將來可能發現與此矛盾的新論據。最終還必須考慮到嚴格語義和理論建設，如在一個低能兒中我們將賦予「自我實現」概念哪些含義？我堅信，不管怎樣這至少會適合於某些人。

這一價值系統也應該包含在關於充分發展的自我或人的概括全面的定義，這是被他作為超越性動機的一種價值。

這是一些類似本能的內在價值，它一方面能避免疾病，另一方面可以達到充分的人性或成長。由於內在價值（超越性需求）的被剝奪而引起的疾病，我們可以稱之為超越性病態。因此，「最高的」價值，精神的生活，最高的人類抱負，也是嚴肅的科學研究主題，它們也屬於自然世界。

另一個論題也是來自關於我的研究對象和普通人之間的觀察和對比。這個論題是：可以將基本需求稱為類似於本能的或生物學上必要的理由很多，但主要是因為人需要基本的滿足以避免疾病，避免人性的萎縮，並且，從積極的方面說，是為了趨向於完善，以達到自我實現或豐滿人性的實現。我的強烈印象是，對於自我實現追求者的超越性動機也有完全適合的極其相似的情況。在我看，這些超越性動機也是生物學的必需，為了避免「疾病」以及實現豐滿人性。由於這些超越性動機是生命的內在價值，不論單一的或聯合的都是如此，這就等於說在性質上存在價值是類似本能的。

這種來自存在價值或超越性需求或存在事態被剝奪的新興「疾病」，起初並沒有被看作病態而做出這樣的說明，當然例外的是無意中或暗指

時，或者，像弗蘭克（Frankl）所說的那樣，僅僅非常一般和泛泛的提到，還沒有分析，化為可以調查研究的形態。一般來說，它們曾受到宗教家、歷史學家和哲學家永久的討論，受到慣常的心靈學和宗教缺陷的束縛，而不是物理學家、科學家和心理學家的討論。作為精神病學的或心理學的或生物學的「疾病」或發育不全或衰弱症，在某種程度上，它們又和社會學的以及政治上的失調之類的問題有重疊。

這些應恰當稱之為人性萎縮的「疾病」不妨叫做「超越性病態」，而且是由於無論局部還是整體上的存在價值被剝奪而引起的。後面的表是在我以前用各種操作得到的相關存在價值的描述和分類推論的基礎上形成的，並且其中有一些列出的疾病雖還未發現，但也可作為預測未來的參照。它們將在怎樣的範圍內被發現並得到說明，我的印象和假設也將在怎樣的範圍內得到印證。我曾以電視世界，特別是電視廣告作為研究各種形式超越性病態的豐富泉源，如內在價值的庸俗化和破壞。當然，也有許多其他的資料垂手可得。

一般超越性病態主要有如下表現：

- 厭倦，無聊。
- 生活本身的無價值，生活不再是自身的確證。
- 存在的真空，理智因素的精神病。
- 生活熱情的喪失。
- 無意義。
- 失去享受的能力，無所謂。
- 哲學性危機。

- 無感情，退隱，命定論。

- 無價值狀態。

- 生活失去神聖的光彩。

- 異化。

- 頹廢，沉淪，無目的。

- 無歡樂。

- 精神上的不適和危機，「乾巴」，「枯燥」，呆滯。

- 無望，麻木，失敗，停止競爭，屈服。

- 完全被動、無助感、喪失自由意志。

- 極端懷疑。

- 絕望，極度苦悶。

- 價值生活的憂鬱症。

- 想死，生活放任，生死無所謂。

- 覺得自己無用，不為人所需，無效狀態。

- 鬱鬱不樂。

- 牢騷滿腹。

- 「無目的」的破壞，怨恨，肆意破壞。

- 徒勞。

- 犬儒主義。

- 對一切高階價值不相信，喪失信念，或以還原論解釋一切。

- 疏遠長者、父母和權威，脫離任何社會。

這些情況只是一個很初步的嘗試，不應看得太重，只能作為對未來研究的一種提示。這些特殊的超越性病態似乎是與一般超越性病態的「基」相對的「形」。我曾唯一詳盡討論過的特殊超越性病態是第一種，或許這一對於說明其他超越性病態的進一步嘗試可以作為一個促進因素，我認為要做到那一點是完全可能的。我想，認真看一下宗教病理學文獻，尤其是神祕主義傳統的文獻，會有啟發。

　　另外一些線索還可以在「風格獨特」的藝術、社會病理學、同性戀文化群等領域中，或者在喜歡挑剔的存在主義文獻中找到。存在心理治療的病歷，心靈的疾病，存在性的空虛，神祕主義者的「乾涸」和「貧瘠」，由於一般語義學者的解剖而弄得二歧化、在字句上挑毛病和過於抽象，藝術家所極力反對的庸人習氣，社會精神病學家所談論的機械化、機器人化和喪失個性，異化，自我同一性的喪失，過分的懲罰，牢騷、抱怨和無助感，自殺傾向，榮格所說的宗教病態，弗蘭克的理智失調，精神分析學家的性格障礙──這些以及其他許多價值紊亂無疑也是相關的資料來源。

　　整體來說，這種存在價值的滿足或實現能增強或實現人的潛能，那種紊亂、疾病、病態或萎縮又確是豐滿人性或人的潛能的一種減損。由此則可知道，這些內在固有的終極價值可以被看作類似本能的需求，與基本需求的論題範圍及層次系統是相同的。這些超越性需求，雖然有某些特徵使它們和基本需求區分開，但仍然處於和例如維生素 C 或鈣等類需求相同的論題和研究範圍。它們也被包括在廣義的科學領域之內，肯定不應作為神學家、哲學家和藝術家的獨占財富。心靈的或價值的生活於是也落入自然的王國中，而不是一個相反的和對立的王國。它既是心理學家又是社會科學家敏感的研究對象，而且在理論上也終將成為神經學、內分泌學、遺傳學和生物化學的研究課題，只要這些科學有了適當可供利用的方法。

從某種程度上講富貴而失落年輕人的超越性病態來自內在價值的喪失，來自受挫的「理想」，來自對社會的幻滅感，誤認為社會僅僅被低等的或動物的或物質的需求所支配。

　　那麼大膽一點可以說：是內在價值的飢餓造成了那些低階需求已得到滿足的有錢人的社會病態。換一個說法：有錢、有特權、基本需求已得到滿足的高中學生和大學生的惡行大都是由於「理想」的受挫，那是在年輕人中普遍存在的現象。我的假設是，這種行為可以是一種複合型，一方面是繼續尋求某種信念，一方面是由於失望而憤怒（我有時能在某一年輕人中看到完全的失望或絕望，甚至懷疑這一類價值的存在）。

　　很明顯，那種全世界普遍的狹隘到愚蠢程度的動機理論也可導致這一受挫的理想和偶爾的絕望。撇開行為主義的或實證主義的理論 —— 或稱非理論（它們簡直無視這一問題，對這一問題採取一種精神分析式的否認態度），還有什麼理論能適合這些年輕人呢？

　　不僅所有的現實科學和正統的教育心理學，不能提供給年輕人什麼有益的東西，而且指導絕大多數人類生活的主要動機理論也只能帶他們走向沮喪或犬儒主義。佛洛伊德派的學者，至少在他們的正式著述中（雖然在良好的治療實踐中有所不同）對於所有高階的人類價值仍然一直採取還原論的態度。最深層的和最真實的動機被看作是危險的或骯髒的，而最高的人類價值和美德實質上是騙人的，是「深層的、黑暗的、骯髒的」東西披上羊皮之後的假象。我們的社會科學家在這方面大致上也同樣是令人失望的。絕對的文化決定論仍然是大多數社會學家和人類學家公認的正統教義。這種說法不僅否認內在的高階動機，而且有時甘冒否認「人性」本身的危險。不管是東方的或西方的經濟學家，也基本上是實利主義的。我們不能不對經濟學的「科學」抱怨幾句，一般來說，它不過是一種全然虛假

的人類需求和價值理論的高等技術處理產品，這種理論僅僅承認低階需求或物質需求的存在。

沒有什麼辦法可以不讓年輕人深感失望和幻滅？他們得到一切物質的和動物的滿足而又並不快樂，不像他們被告知可以期待的那樣（不僅是那些理論家而且父母和教師的習俗智慧以及廣告家無孔不入的灰色謊言都曾這樣說過），他們又能得到什麼別的結果呢？

社會的絕大部分都建議把諸如「永恆的真理」、「終極的真理」等交付給教條主義和宗教主義，這也是對高等人性的一種否認。它實際是說，尋求真理的年輕人肯定不會在人性本身中找到它，他必須到一種非人的、非自然的泉源中去尋求終極的東西，這樣的泉源已經受到許多理智的年輕人的懷疑和明確的拒絕。

我之所以集中討論年輕人「受挫的理想」，是因為我認為它是研究的熱門，但是，我認為無論什麼人的超越性病態也都來自「受挫的理想」。

外部的剝奪不僅可以導致價值飢餓，而且也容易導致自身的心理矛盾及反向價值。

不僅外部的價值剝奪可引起我們的超越性病態，而且我們自身的最高價值剝奪也會引起可怕後果。我們不僅受到吸引，而且也深感敬畏、震驚、顫慄、恐懼。那就是說，我們往往有內心的矛盾和衝突。我們設防抵禦存在價值。壓抑，否認，反作用造作，或許還有其他一切佛洛伊德的防禦機制都是可供利用並已被用來防範我們內在的最高價值，正如它們被動員起來防範我們內在的最低價值一樣。自卑和差距感能引導到對最高價值的迴避。怕被這些價值的高大所淹沒也能導致迴避。

由此可以得出合理的基本假設：由自我剝奪而引起超越性病態，就像

由外部加強的剝奪引起一樣。

基本需求比超越性需求更占優勢層次。

基本需求和超越性需求具有同樣的被需要的基本特徵，對人是必需的、有益的，所以說它們處於同一層次整合系列，即在同一連續系統中和同一論題範圍內，它們的被剝奪會引起「疾病」和萎縮，它們的「充足供應」能促進豐滿人性的成長，趨向更大的愉快和歡樂，趨向心理上的「成就」，趨向更多的高峰經驗，並且，一般來說，趨向更經常的生活在存在水準。即，它們都是符合生物學需求的，都能促進生物性的成功。不過，它們的不同也是可以較容易明確說明的。生物性的價值或成功一直是只從消極面看的，如生命的簡單耐力，生活能力，疾病的避免，自己及後代的生存。但也指生物進化成功的積極標準，即不僅指生存價值，也指臻於完善的價值。基本需求和超越性需求的滿足有助於形成「較好的樣品」，生物的優勝者，在優勢等級上的較高者。不僅表現在更強壯、更優勝、更成功的動物有更多滿足，更好的生活地域，更多的後代等等 —— 不僅表現在弱小的動物優勢等級較低，更可能犧牲，更容易被吃掉和更少可能繁殖後代，更可能挨餓等等，而且較好的樣品還能過一種更多滿足、更少挫折、更少痛苦和恐懼的完善生活。我不想過多的去描述這種動物快樂 —— 但我認為那完全能做到 —— 卻能合理的提問：「一位印第安農民和一位美國農場主人在生物生活以及心理生活方面是否一模一樣，儘管他們都繁殖後代？」

首先一點早已明確了，基本需求比超越性需求強烈得多，緊迫得多，或者說，它在層次等級上要占優勢。這樣說是作為一種概括的統計陳述，當然也有個別例外，有些人會有一種特殊的才能或一種獨特的敏感，使超越性需求比他們的某一基本需求更為重要和迫切。

其次,基本需求可以稱為缺失性需求,具有各種缺失性需求的特徵,而超越性需求似乎具有「成長需求」的特徵。

超越性需求自身彼此之間也有相互作用,但一般來說卻不存在優勢等級。但對於任何一個特定的研究對象,它們可能往往是按照特異才能和體質不同而有高低層次的排列。

但在我看來,超越性需求並非按照優勢層次排列,它們的力量是均等的,存在價值或存在事實也與此類似。另一種說法 ── 就其他目的看有意義的說法是,每一個人似乎都有他自己優先考慮的事,或高低層次,或優勢等級,那和他自己的才能、氣質、技能、能力等等是相應的。「美」對於某人可能比「真」更重要,但對於另外的人可能又是另一種不同的情況。

也許可以這樣來看待,某一種存在價值都要受到大多數或其他所有存在價值的制約。或許它們形成了某種類型的統一,每一特定的存在價值換個角度看簡直能被當作一個整體。

我強烈意識到,是全部其他存在價值充分恰當的規範了其中任一存在價值。即:真,充分完善的說明,必然是美,善,完滿,正當,簡單,有秩序,合法則,生動,全面,單一,超越分歧,不費力,和有趣味的。同樣的,美,充分加以說明,必然是真,善,完整,生動,簡單等等。似乎所有的存在價值都具有某種統一性,每一單個價值似乎是這個多面體的一個側面。

在人類生物學中,價值生活(精神的、宗教的、哲學的、價值的等等)與「低等的」動物生活處於同一系統之內,而絕非二歧化、互相分隔和排斥。它因而很可能是遍及全人類的,超越文化的,儘管它必須由文化

促進才能實現，才能存在。

　　也就是說，精神生活是我們生物生活的一部分。它是生物生活的「最高」部分。

　　這意味著，精神生活也可以說是人的本質的一部分。它是人性的一個規定性特徵，沒有它，人性便不成其為充分的人性。它是真實自我的一部分，是一個人的自我同一性、內部核心、人的種族性的一部分，是豐滿人性的一部分。純自我表達或純自發能達到怎樣的程度，超越性需求也能表達到怎樣的程度。「揭示」或道家療法或存在治療或言語療法或「個體發生」技術應該能揭示和增強超越性需求，也如揭示和增強基本需求一樣。

　　這些超越性需求也應該能被深層診斷和治療技術最終揭示出來，因為我們「最高層的本性」也是「最深層的本性」，雖然聽起來矛盾但事實確實如此。價值生活和動物生活並非處於兩個分隔的領域，並不像大多數宗教和哲學所設想的那樣，也並不像古典的、非人格的科學曾設想的那樣。原則上精神生活（沉思的、宗教的、哲學的或價值生活）能由人自己的努力得到，因為它處於人類思想管轄範圍。儘管它已經被古典的、脫離價值的、以物理學為模型的科學斥為非現實的，它仍然能由人本主義科學重新肯定為研究的對象和技術的對象。這樣一種廣闊的科學必須研究永恆的真實，終極的真理，最後的價值等等，認為它們是「真實的」和自然的，以事實為依據而不是以願望為出發點，是人性的而不是超人的，是合法的、科學的課題，召喚我們進行調查研究。

　　這樣的問題顯然難以從實踐方面進行研究，因為占優勢的是低階生活，高階生活似乎很少有發生的可能。由超越性動機支配的生活有太多的先決條件，不僅要有一系列基本需求的先期滿足，而且要有大量「良好

的條件」，這才能使高階生活成為可能，即，需要克服良好環境經濟的匱乏，必須有可自由利用的多種選擇，同時要有使真實有效的選擇變為可能的條件，還必須有協同的社會制度等。一句話，我們必須非常審慎的說明，高階生活僅僅在原則上是可能的，絕非極有可能，或很容易實現的。

有一點需要非常明確的解釋，我不妨說，超越性動機是所有人當中普遍存在的，因此它超越了文化，為人類所共有，而並非由文化任意製造出來。這一論點必然會引起誤解，請讓我做如下說明：超越性需求在我看來似乎是類似本能的，即有一種可以鑑別的繼承性，遍及全人類的決定作用。但它們是潛在性，而不是現實性。它們的實現分明而絕對的需要文化的促進。但文化也可能不足以使它們實現。的確，這恰恰是全部歷史中大多數已知文化實際上的所作所為。所以，要說明某種文化促進或壓制自我實現，豐滿人性和超越性動機的程度，必須有一種超文化的因素，它能從某一文化的外部和上方批判它。文化能和人的生物本質協同作用，也能和它敵對，但它們在原則上並不是彼此對立的。

因此，我們可能會陷入語言的泥淖，而無法說明是否每個人都渴望高階精神價值和存在價值。我們在原則上當然能說這樣一種渴望必須被認為是在每一個新生兒中都有的潛能，直到後來發現了新問題。那就是說，我們最好的想法應該是：這種潛能假如喪失了，也是在出生以後喪失的。就社會現實的方面也可以打賭說，大多數新生兒由於貧困、剝削、偏見等等將不能實現這一潛能，將不會上升到高層次的動機水準。的確，在現實中存在著機會的不平等。我們也應該明智的承認，成年人的情況是各有不同的，這取決於他們的生活狀況，在哪裡度過一生，他們的社會、經濟、政治環境，心理病態的程度和總量等等。但完全放棄超越性生活的可能性也是不可取的（作為一種社會策略問題看，且不說別的），而這在原則上對

於仍然生存著的人都適用。「不可救藥的」終於已經「治癒」了，不論就精神病的意義和自我實現的意義上說都是如此，在辛那儂就有這樣的例子。特別是對於未來的新興人類，我們更不應放棄這種可能性，如果放棄就是最大的愚蠢。

　　毫無疑問，我們所說的精神生活是從人的生物學本性起源的。它是一種「高等的」動物性，其先決條件是健康的「低等」動物性，即兩者是在層次系統上統一成一個整體的（而不是相互排斥的）。但是這種高等的、精神的「動物性」非常膽怯和微弱，非常容易喪失，非常容易被更強大的文化勢力扼殺，因此它只有在一種支持人性並積極促進人性最充分發展的文化中才能廣泛實現。

　　考慮到這些，我們能夠解決許多無謂的爭端和歧義。舉例說，假如黑格爾（Hegel）的「精神」和馬克思（Marx）的「自然」實際上是處在同一的連續系統中而有層次的整合起來的（通常，這也稱為「唯心論」和「唯物論」），那麼，這一層次連續系統的性質便能為我們提供多種答案。例如，低階需求（動物的，自然的，物質的）在十分具體的、實證的、操作的、有限度的意義上要比我們所說的高階基本需求占優勢，後者又比超越性需求（精神，理想價值）占優勢。這就是說，生活的「物質」條件有充分的理由優先於高階理想（比後者占優勢，更有力），甚至也優先於意識形態、哲學、宗教、文化等等，在明確可以規定和限定的方式上說也是如此。這些高階的理想和價值絕不僅僅是低階價值的副現象，它們具有同樣的生物學和心理學實在的性質，儘管在力量、緊迫或先後方面有所不同，但在諸如神經系統這樣的優勢層次系統及強弱次序中，高階和低階都同樣是「真實」的和人性的。你肯定能從抗爭的觀點看歷史，為豐滿人性而抗爭，或為一種內在的、嚴肅的理念而抗爭，即，從自上而下的觀點看歷

史。最初的、基本的或終極的起因或許可以按從下而上從物質環境中找到，於是你能承認這樣的說法是正確的：「自利是一切人性的基礎。」但那是就自利占有優勢的意義上說的，如把自利當作一切人類動機的充分說明就不正確了。對於不同的理解目的，兩者都是有價值的理論，都有可派定的心理學意義。

一定程度的精神性很可能是完善物質論的，結果，而這一點我們要論述關於個人內部和社會內部發展的事實。我大惑不解，為什麼富裕能釋放某些人使他們追求成長而同時又使另一些人固結在「實利主義」的程度上。完全同樣可能的是，宗教家要培養精神價值，最好從衣、食、住、行等等入手，那要比布道更迫切需要。

將低等的動物性和高等的精神性、價值性及宗教論中最高等性放入同一階層中（以便說明精神是高等動物的特質），這樣可使我們超越多種分歧。例如，惡魔的呼喚，墮落肉慾、邪惡、自私、自我中心、自我追求等等，都已經從神聖的、理想的、善良的、永恆的東西、我們最高的抱負等等分化出來並互相對立了。有時，聖潔的或最好的特質被認為處於人性範圍之內。但更經常的情況是，在人類的歷史中，善良已被排除於人性之外，在人性之上，是超自然的。

我好像記得，惡或最壞的東西始終是大多數宗教、哲學或意識形態所傾向於承認為人性固有的，甚至我們「最壞的」衝動有時又被外化為撒旦的呼喚等等一類的東西。

雖然原則上我們「最低等」的動物本性始終被認為是「好的」，但現實中卻往往自動化的被誣衊為「壞的」。或許，這種對我們低等動物本性的誣衊或多或少是由於二歧化的本身（二歧化形成病態，而病態又促進二歧

化，那在一個整體的世界中常常是不正確的）。如果真是這樣，那麼超越性動機的概念應該能提供一個理論的基礎，以便解決所有這些（大都是）虛假的二歧式。

快樂和滿足能在層次系統上從低到高進行安排。歡樂主義理論因此也能被看作是從低到高直到超越性歡樂主義的排列。

作為超越性需求的滿足，存在價值也是一種最高的幸福。

必須看到別有一種快樂的層次系統，例如，痛苦的解除，透過熱水浴的滿足，和好友相處的愉快，聽偉大音樂的歡樂，有了孩子的幸福，最高愛情體驗的喜悅，直到和存在價值的整合，而且這樣的意義往往重大。

歡樂主義、自私等問題的解決可來源於這樣的層次系統。假如把最高快樂包括在一般快樂之中，那麼在非常確切的意義上也可以說人性豐滿的人也只不過在追求快樂，即追求超越性快樂。或許我們能稱這種追求為「超越性歡樂主義」，並指出，在這一程度上不再有快樂和責任之間的矛盾，因為人類最高的責任不外是對真理、正義和美等等的責任，而那也是人類所能體驗的最高快樂。而在論述的這一程度，自私和不自私之間的相互排斥也消失了。對我們好的對任何別人也是有益的，使人滿意的也是值得稱讚的，我們的嗜好是可以信賴的、合理的和明智的，我們享受的是對我們有利的，追求我們自己「最高的」善也是追求一般的善等等。

從低階到高階的秩序比如初階需求歡樂、高階需求歡樂和超越性需求歡樂，這意味著含有各種操作和可檢驗性。例如，我們上升越高，發現這樣的人越少，先決條件越多，社會環境必須越好，教育品質必須越高等等。

一切「主體生物學」的技術都適用於精神生活的教育，因為精神生活

也是類似本能的。

由於精神生活（存在價值，存在事實，超越性需求等等）是真實自我的一部分，那是類似本能的，因而精神生活在原則上是可以內省的。它有「衝動的呼喚」或「內部的信號」，這雖然比基本需求微弱，但還是能「聽到」，因而它能歸入「主體生物學」的規程中。

原則上講，凡是能夠發展我們的感性知覺、軀體知覺，我們對內部信號的敏感性原則與訓練都會適用於我們內在的超越性需求，那些內部信號來自我們的需求、能力、體質、氣質、軀體等等，即可以用於培育我們對美、對法、對真理、對完善等等的渴望。或許我們還能發明像「體驗上的豐富」一類的詞彙來描述那些對自我內部呼喚特別敏感的人，在他們那裡，甚至超越性需求也能由內省發現並充分享受它。

這種體驗上的豐富在原則上應該是「可教導的」或可恢復的，至少在一定程度上是如此，或許要適當利用致幻藥劑，利用依薩冷式的非言語方法，沉思和冥想技術，對高峰經驗或存在認知的進一步研究等等。

希望不會被人誤解為神化內部信號，或稱之為內部發出的呼聲，「良心的微弱呼聲」。在我看，自身體驗的知識肯定是一切知識的開端，但又絕不是一切知識的結尾。它是必要的，但不是充足的。內部發出的呼聲有時也會發生錯誤，甚至在最聰明的人之中也難免。無論如何，這樣的聰明人只要有可能就會以外部現實檢驗他們的內部命令。我們必須有條理的對自身體驗的知識進行實際的檢驗和印證，因為有時即使被一位道地的神祕論者內部肯定的事情，經檢驗也或許是惡魔的呼聲。讓個人內部肯定勝過一切其他來源的知識和智慧不能說是明智之舉，不論我們多麼重視內部體驗也不能如此。

應該這樣說，在最高水準的明晰性（闡發、覺醒、調察、存在認知、神祕感知等）上存在價值可被稱為存在事實（或終極實在）。當最高水準的人格發展、文化發展、明晰性、情緒解放（沒有恐懼、抑制、防禦）和無干預都彼此和諧時，這時便有理由肯定，不依賴於人的實在能極清晰的以它自身的本性被看到，極少受觀察者的干擾。這時，實在被描繪為真的、善的、完全的、整合的、活躍的、合法則的、美麗的等等。也就是說，傳統上被稱為「價值」的詞與那些可以最準確最恰當的說明所見實在的描述詞完全相同。超越了生活的高水準、事實與價值融為一體。很明顯，那些同時既是描述的又是規範的詞有理由被稱為「整合詞」。

在這種融合的狀態下，「對內在價值的愛」等同於「對終極實在的愛」。對事實的忠誠在此也變成對事實的愛。最嚴格的力圖達到客觀或感知，盡可能減少觀察者以及他的恐懼、希望和自私計算的影響，能產生一種情感的、審美的和價值論的結果，一種我們最偉大、最明晰的哲學家、科學家、藝術家、心理學家和宗教領袖所追求的結果。

對終極價值的思索也表示對世界本質的思索。尋求真理（充分規定的）可以和尋求美、秩序、獨特、完善、正確（充分規定的）完全一樣，因而真理可以透過任何其他存在價值被發現。於是，科學變得和藝術、愛、宗教、哲學完全融合了。關於實在本質的一項基本的科學發現也成為一項精神的或價值論的印證。

如果情況確實如此，那麼我們便不會用「冰冷的」、純認識的、理性的、邏輯的、超脫的、無牽連的同一對待真實事物。這種實在也喚起一種熱烈的感情反應，一種愛、忠誠、獻身的反應，甚至喚起高峰經驗。不僅真實的、合法則的，有秩序的、整合的等等，而且善良、美麗、可愛等都是最佳狀態的實在。

換成另一角度，我們也可能被說成是在提供對廣大的宗教問題和哲學問題的答案，例如關於哲學和宗教對於生活意義的探究等等。

此處所提理論帶有一定的假設性質，允許被檢驗和印證，但也可能承受不住檢驗。它是由具有不同科學可靠水準的事實組成的一種網絡，包括臨床的和人格學的報告以及純屬直覺和推測的資料。或者換一種方式說，我相信它能得到證實，我敢擔保證實的到來。但你們不要太相信，即使它看起來是對的，即使對它很滿意，你們也應該更審慎些。它終究是一套推測，可能是真實的，但最好經過核實。

假如存在價值和一個人自我相符合並成為規定性特徵，這是否表示，實在、世界、宇宙因而也和自我符合並成為自我的規定性特徵呢？這聽起來像是經典的神祕論者和世界或和他的上帝融為一體，它也使我們想起東方對這一意義的種種解釋，如說自我這時已融化於整個世界並已消失了。

我們能否說這是在提高絕對價值的可能性使之更富有意義呢，至少是表示實在自身可以說是絕對的呢？假如這一類的事情證明是富有意義的，那麼它僅僅是人本主義的呢，還是超越人類的呢？

我們已經把這些詞所有能傳達的意義都列舉出來了。我提及這一點僅僅因為我想大開門路，集思廣益。很清楚，這不是一個封閉的系統。

人和自然不僅是相互包容和接納的，而且它們之間至少也要有一點同型性才能相似相容。自然已使人演化形成。人和超越人的東西的溝通因而無須說成是非自然的或超自然的。這可以看作是一種「生物的」體驗。

海舍爾（Heschel）宣稱：「人的真正的完成依賴於人和超越他的東西的溝通。」這在某種意義上當然具有正確性，但需要闡明這一點。

在人和他的超越性實在之間並沒有不可踰越的鴻溝。人能和這種實在

融成一片，把它歸併在他關於他的自我的規定性中，對它的忠誠就像對他的自我的忠誠一樣。於是他變成它的一部分，它也變成他的一部分。他和它相互重疊。

　　這種觀點使它與人的生物進化論溝通起來。不僅人是自然的一部分，而且他和自然也必須有一定程度的同型性。即，他不能和人類之外的自然完全不同，不然，他現在就不會存在。

　　事實上他生存下來了，那就證明他和自然的相容性，說明他為自然接受了。他同意自然的要求，並且，作為一個物種，至少在存活的範圍內，一直順從這些要求，自然沒有處決他。從生物學的觀點說，他很明智，能接受自然法則。如果他勇於抗拒，那將意味著死亡。他和自然和睦相處。

　　這就是說，在某種意義上，他必須和自然相似。它的部分含義或許就是與自然的融合。或許他面對自然的激動（察覺它是真、善、美的等等）會有一天被理解為一種自我認識或自我體驗，一種自身存在的方式，充分作用的方式，就像回故鄉一樣，一種生物的確實性，「生物神祕主義」等等。或許我們能把神祕的或高峰的整合不僅看作是和最值得愛的東西的溝通，而且也是和一個家庭成員的真正一部分相整合，因為他們是一家中的兄弟姐妹，並且也可以說就是家庭成員間的和睦相處。正如墨菲（Murphy）所說：

　　……我們發現我們越來越信服的一個指導思想是：我們基本上和宇宙一致而並不陌生。

　　生物學或進化論中對於神祕體驗或高峰經驗的這種解釋，就像精神的也等同於宗教的體驗一樣，它讓我們認識到，把「最高」和「最低」或最深對立起來的看法是過時的，我們最終必須超越它。在這裡，從所未有的

「最高」體驗，人能設想的和終極實在的歡樂整合，也能同時看作是我們最基本的動物性和種族性的「最深」體驗，是對我們與大自然同型的深刻生物本性的支持。

在我看來，正像海舍爾所說的那樣，這種經驗主義的或至少是自然主義的說法，使我們認為不必把「超人類的」看作非人的和超自然的或非自然的。人和超越人的東西溝通可以看作是一種生物體驗。儘管宇宙不能說是愛人類，它至少能說是以一種非敵意的方式接納人，容許人生存下去，容許他成長起來，並且有時也容許他有極大的歡樂。

存在價值並不是我們個人對待這些價值的態度，也不是我們對它們的感覺反應。存在價值在我們內部引起一種「必需感」以及一種自愧感（自覺不相稱）。

至少要在可能的範圍內，將存在價值和我們對待這些價值的態度區分開，雖然這很難做到，但最好是這樣。這一類對待終極價值（或實在）的態度有：愛，敬畏，崇拜，謙恭，尊崇，慚愧，驚奇，詫異，讚嘆，高興，感激，畏懼，歡樂等等。這都是一些描述人的內心感情及認識反應的詞彙，表達一個人看到某種不同於他們自身或至少能從文字上分開的東西時的感受。自然，人在強烈的高峰經驗和神祕體驗的時刻越是和世界整合的，這些自我內部的反應也越少，自我作為一種分離的實體也越消退。

除理論的和臨床上的重要作用外，保持這一可分性的主要理由是並不多見的強烈的高峰經驗、啟示、寂靜、狂喜及神祕融合，即使在最敏感的人中，一天也難有多少這樣非凡的感受時刻。絕大部分的時間是在相對寧靜的對終極價值的沉思和欣賞中（而不是在和它們的高度整合中）度過的，那是在深刻的啟示中顯露出來的。因此，談到羅伊斯型對終極價值的

「忠誠」是很有益處的，講責任、職責和獻身也同樣。

有了這種理論結構，我們不可能把這些對存在價值的反應當作是以各式各樣的形式隨意或偶爾做出的。綜上所述，更自然的會認為這些反應在某種程度上是被要求、命令、呼籲做出的，是相宜的、合適的、正當的、合乎需求的，就某種意義說，我們覺得存在價值是值得甚至有權要求或命令我們的愛、敬畏和獻身的。人性豐滿的人可能只得做出這樣的反應。

我們還應注意，看到這些終極事實（或價值）往往使人尖銳的意識到他自己的無價值、不合格和殘缺，他的根本存在的渺小、有限和力不從心，僅僅能作為一個人或人類的一員。

因為超越性動機（成長動機）必須描繪其不同於基本需求的特徵，所以描述動機的詞彙必須是層次系統的。

內在價值和我們對待這些價值的態度之間的不同導致我們用一套層次化的詞彙代表動機（取本詞最一般和最廣泛的含義）。和各種需求上升到超越性需求的層次相應的是滿足、快樂或幸福的層次。除此以外，我們還應記住，「滿足」概念本身在超越性動機或成長性動機的水準上已被超越，這時滿意是沒有盡頭的。幸福的概念也是如此，在最高水準上，幸福也能變為無止境的。這時它可能容易變成一種無邊的哀愁或清醒或非感情的沉思。在最低的基本需求水準，我們當然可以談論被驅動，極度渴求、力爭或急需如何，例如，當窒息或感受巨痛時就是如此。當我們沿著基本需求的階梯上升時，欲求、希望或寧願、選擇、想要等一類的詞彙會變得更貼切。但在最高水準，在超越性動機水準，所有這些詞彙都變得不適合主體的心境了，而熱望、獻身、企求、愛、崇拜、景仰、敬重、被吸引或入迷等一類詞彙才更適於描繪被超越性動機所激起的情感。

　　我們當然還必須正視一項這些情感之外的困難任務。要找出一些適當的詞彙以傳達感到的適當、責任、合宜、純正、愛本質上值得愛的、需要甚至命令愛、要求愛、應該愛的對象等等的含義。

　　有一種分離仍然被設定在需求者和他的所需之間的所有這些詞中。我們怎麼描述當這一分離已被超越而在需求者和他的所需之間有某種程度的同一或整合時所發生的情境呢？或者，在需求者和就某種意義說需要他的東西之間的整合？

　　同樣可以稱之為對自由意志決定論二歧化的超越。在超越性動機的水準上，人自由的、愉快的、全身心的擁抱自己的決定因子。人選擇並幻想自己的未來，不是強迫的，不是「自我削弱的」，而是親善的、熱情的。而看得越深，這一自由意志與決定論的整合也越「自我和諧」。

　　「慶賀」、誘導或行為表現的主觀狀態是存在價值所需要的。

　　我們必須同意海舍爾對「慶賀」的強調，他說明那是「一個人對他所需要或尊崇的事物表示敬意的行為……它的實質是要人注意生活的崇高或莊嚴的方面……慶賀是分享較大的歡樂，參與永恆的演出」。

　　必須記住，最高的價值之所以比主觀的狀態更容易研究，是因為它不僅是承受式的為人欣賞和冥想，而且往往也引導到表現的和行為的反應。

　　我們又發現了「應該」的另一種現象學意義。我們覺得慶賀存在價值是合適的，正當的，是讓人樂於承擔的責任，似乎這些價值應該得到我們的保護，似乎這是起碼應該做的，似乎是出於公正、恰當和自然，我們也應該保護、促進、增強、享有並慶賀這些價值。

　　從教育學和治療學角度出發，區別存在程度和缺失程度，並認同兩者間語言上的差別是有好處的。

對我自己而言，具有極大效用的是區別存在領域和缺失領域、永恆領域和實用領域。僅僅作為一個策略和策略的問題，為了生活得好些和豐足些，為了自己選擇生活道路而不是承受被動的生活，這也是一種幫助。尤其是年輕人，極易在忙碌的日常生活中忘記終極價值。極常見的是，我們僅僅是反應者，可以說僅僅是對刺激進行反應，對獎賞和懲罰、對緊急情況、對痛苦和畏懼、對他人的要求、對膚淺的東西進行反應。至少剛開始時必須拿出一種特殊的、自覺的努力，才能使我們的注意轉向內在的事物和價值。例如，也許是尋求實際的獨處生活，或受偉大音樂的陶冶，與善良的人相處，領受自然美的影響等等。只有經過實踐，這些策略才變得簡易而能自動進行，使人甚至無須嚮往或嘗試就能生活在存在領域中，生活在「統一的生活」、「超越的生活」、「存在的生活」中。

為了清晰的意識到存在價值、存在語言、存在的終極事實、存在的生活、統一的意識等方面，我認為這種詞彙的教導也是有作用的。這種詞彙當然有些笨拙，有時讓人迷惑，但確實有一定的作用。無論如何，它已證明在設計調查研究方面具有操作上的效用。

在這方面我還可以得出一項假設：高度發展或成熟的人（「超越者」？），甚至彼此第一次相遇，就能用我所謂的存在語言在生活的最高水準上相互快捷的交流。關於這一點我要說的僅僅是：它說明，似乎存在價值只對某些人而不是另一些人才真正存在並容易被察覺，而和另一些人的交流雖然也可以是確切的，但這種交流只能發生在較低和較不成熟的旨趣或意義程度上。

我不清楚這一假設是否能順利通過檢驗，因為我發現，有些人能運用這一詞彙而並不真正理解它，就像有些人能口若懸河談論音樂和愛而並不真正體驗什麼是音樂和愛一樣。

另外還有一些更加模糊的印象：和這種用存在語言如交流處在同一層次的可能是一種很深的親密關係，一種共同的情感交流，分享共同的忠誠，進行同樣的工作，意氣相投，休戚相關，彷彿是在侍奉同一個主人。

　　「內在的良心」和「內在的有罪感」具有極深的生物根源。

　　受到佛洛姆關於「人本主義良心」的討論和荷妮對佛洛伊德「超我」的再控的啟發，其他人本主義作家已同意在超我以外還有一個「內在的良心」，以及「內在的有罪感」或「內疚」，作為一種由於出賣了內在的自我而應得的自我懲罰。

　　我相信，超越性動機論的生物根源能進一步闡明並充實這些概念。

　　荷妮和佛洛姆犯了一個嚴重的錯誤，即由於反對佛洛伊德本能論的特定說法，或因為忙中出錯而接受了社會決定論，從而拒絕接受生物論和「本能論」的任何解釋。

　　人的個人生物學無疑是「真實自我」的一個必要成分。成為你自己，成為自然的或自發的，成為真確的，表現你的同一性，所有這些也都是生物學的說法，因為它們表示接受一個人的體質的、氣質的、解剖結構上的、神經的、內分泌的和類似本能的動機的本性。這樣的說法既符合佛洛伊德的思路又符合新佛洛伊德派的思路（且不說羅傑斯的、謝爾登（Sheldon）的、榮格的、戈德斯坦的等等）。它是對佛洛伊德探尋道路的一種澄清和矯正，佛洛伊德那時可能僅僅對此有過一絲念頭。我因此認為它是符合「後佛洛伊德」傳統的。我想佛洛伊德曾試圖以他的種種本能論來表示一些類似的意思。我也相信這個說法是對荷妮以「真實自我」概念試圖說明的原理的一種承認和修正。

　　如果能夠證實我對內在自我的更生物學的解釋，則必定會支持對精神

官能症犯罪和內在有罪的區分，反抗人自身的本性和試圖變為非人類會誘發內在有罪。

不過看了以上的觀點後，我認為內在自我應該包括內在價值或存在價值。在理論上，對於真理或正義或美或任何其他存在價值的一種出賣必然引起內在的有罪感（超越性犯罪），一種應得的和生物學上合理的有罪感。這可能意味著：痛苦最終是一種祝福，因為它告訴我們，我們正在做對我們有害的事情。當我們出賣存在價值時，我們受傷了。在某種意義上說，我們應該受傷，而且，這也表示對「需求懲罰」的一種認可，它也可以從積極方面說成是希望，透過贖罪能再一次感到「清白」。

由這一理論出發的許多最終的宗教職能可以日趨完善。

存在價值如果從人類一直在尋求的永恆和絕對的觀點看，也可能在一定程度上為這一目的服務。它們是憑自身的權力存在的，不依賴於人類神出鬼沒的妄想。它們是被發現的，而不是發明出來的；它們是超越人類的，超越個人的；它們存在於個人生活之外；它們能被設想為一種完美。可以設想，它們能滿足人類對確定性的渴望。

但是，透過一種列舉的意義來看，它們必然屬於人類不僅是自我的而且是自我本身。它們要求受到崇拜、尊敬、祝賀，要求人為它們做出犧牲，我們值得獻身於它們。思考它們或和它們整合能給予我們作為人所能企望的最大歡樂。

在這裡也給予了「不朽」一個十分確定的和經驗的意義，因為這些價值作為一個人的自我的規定性特徵表現在他身上，在他死後仍繼續存在，即，在某種真正的意義上，他的自我超越了死亡。

對於有組織的宗教所努力完成的其他職能來說也是這樣。顯然的，所

有或絕大多數的宗教經驗都能吸收到這一理論結構中並能用一種意味深長的方式或以一種可以承受檢驗的說法表現出來，這些經驗是任何傳統的宗教都曾描述過的，他們的情感和動機都發生了變化。

使工具價值轉化為目的價值

高峰經驗一詞是對人的最佳時刻的概括，是對生活最愉快時、對入迷、狂喜、幸福、最大歡樂體驗的概括。我發現這樣的體驗來自深刻的審美體驗，如創造時的入迷，愛情成熟的時刻，完美的性體驗，父母的愛，自然分娩的體驗，以及許多其他體驗。我用高峰經驗作為一種泛指的和抽象的概念，因為我發現所有這些欣喜若狂的體驗都帶有某些共同的特徵。

的確，我已發現有可能構成一種概括的和抽象的圖式或模式描繪它們的共同特徵。這個詞使我能夠在同一時刻談論所有或任何這一類體驗。在這裡，我之所以解釋高峰經驗這一概念，因為只有這種體驗才能最容易和最充分的證明事實與價值的整合的問題。

當我問到我的被試，在高峰經驗時刻他們覺得世界有何不同時（當然，被試者必須曾有過高峰經驗），我得到的答案也能圖式化和概括化。實際上也只有這樣做才無缺陷，因為沒有別的方式能包容我所得到的成千的詞或描寫。我把來自百十來人在高峰經驗時刻和以後對世界的描繪所用的大量詞彙熔鑄和濃縮為：真，美，完整，二歧超越，生機勃勃，獨一無二，完善，必然，完成，正義，秩序，簡單，豐富，不費力，娛樂，自足。

雖然這完全是我個人的濃縮和熔鑄，但卻毫無疑問，任何別人也會得

到同樣的特徵表。我認為那不會有很大不同，至少不會超過同義詞選用或個別描述詞的差異。

這些詞都是很抽象的。不抽象又能怎樣呢？因為每一個詞都有任務在一個標題或一個項目下包容許多種直接的體驗。這必然意味著這樣的標題是廣泛概括的，換句話說，是非常抽象的。

這便是描繪高峰經驗中所見世界的各個方面。這裡可能有著重點或程度上的不同，也可以這樣說，在高峰經驗中，世界看來更純正、裸露，更真實，比在其他時刻看來更美麗。

在這裡我想強調的是，在被試報告中，這些被認為是描述性的特徵是關於世界的事實的描述。它們是關於世界外觀或世界看來像什麼的描述，他們甚至聲稱，這是關於世界是什麼的描述。它們和新聞記者或科學觀察家在目睹某一事件以後所做的描述類似，屬於同一的範疇。它們不是「必須」或「應該」陳述，也不僅僅是研究者願望的投射。它們不是幻覺，它們不只是情感狀態，缺乏認知的參照。它們被報告為一些啟示，一些關於現實的真正的和確實的特徵，那是他們過去視而不見的。

然而，人類在3,000年有記載的歷史過程中已經學會一件事：知道這一主觀肯定是不夠的，還必須有外部的證實，必須有某種辦法核實宣稱的真理，對成果的某種測試、某種實用的測試；我們必須以某種保留、某種審慎、某種清醒態度研究這一引進說法。有太多的思想家、先知、預言家在絕對肯定的感受以後已最終證明是不正確的。

這種幻滅的體驗是科學的歷史根源之一：對個人啟示錄的不信任。正式的、經典的科學長期以來曾拒絕私人的啟示錄，認為這些資料本身是沒有價值的。

可是，我們（心理學者和精神病學者）正處在一個科學新時代的開始階段。在我們的心理治療體驗中，我們已經在我們的患者中和我們自身中見到偶爾的啟示、高峰經驗、孤寂體驗、頓悟和欣喜若狂的時刻，對此我們已經習以爲常。我們也已意識到，雖然它們令人難以意料，但它們有一部分肯定是非常真實的。

只有化學家、生物學家或工程專家才會繼續懷疑這一又老又新的看法，即真理可能以這種又老又新的方式出現：在一陣衝闖中，在一種情感的啟示中，在一種迸發中，穿過破裂的圍牆，穿過抗拒，穿過畏懼的克服出現。我們是一些專門與危險的真理、與威脅自尊的真理打交道的人。

即使在非人格領域，這種非人格的科學懷疑主義也是無根據的。科學的歷史，至少是偉大科學家的歷史，是突然而狂喜的洞察真理的故事，這一真理隨後才由更多缺乏想像力的工作者緩緩的、小心翼翼的、謹慎的給予證明，他們的作用更像珊瑚的昆蟲而不是雄鷹。例如，凱庫勒（Kekulé）關於苯環的夢就是源於想像的。

大部分的人的想像力是很狹隘的，他們把科學的本質定義爲對假說的審慎核實，弄清楚他人的思想是否正確。但是，只要科學也是一種發現的方法，就不能不學習如何培養高峰經驗的洞察力的想像力，然後像如何運用資料那樣運用它們。其他存在知識的例子 —— 對迄今尚未覺察的、高峰經驗中的真理的真切感知 —— 來自那種由存在愛而獲得的清晰性，來自某些宗教體驗，來自某些團體治療的親密關係體驗，來自理智的啟示，或來自深刻的審美體驗。

一種證實存在知識的嶄新可能性展現出來。在三所不同的大學中，麥角酸二乙醯胺（LSD）能治癒大約 50% 的酒精中毒症。我們得知這一重大

福音、這一意料不到的奇蹟都非常高興，但當我們冷靜下來時，由於我們都是不知足的人，我們不免要問：「那些沒有治好的人怎樣了？」我從一位醫生的一封信中摘引一段話作為說明，這封信的日期是 1963 年 2 月 8 日：

「我們曾有意的利用高峰經驗作為治療方法。我們給服用 LSD 和麥司卡林的酒精中毒者提供高峰經驗的條件，利用音樂、視覺刺激、言語、暗示，以及任何我們能對高峰經驗起作用的東西。我們治療過 500 個酒精中毒者，獲得了一些一般規律。其中之一是：治療後有節制反應的酒精中毒者大多數都曾得到過高峰經驗，相反的，幾乎任何未曾得到高峰經驗的都沒有這樣的反應。」

「我們也獲得了有力的論據說明感情是高峰經驗的主要成分。當 LSD 被試首先服用兩天的青黴胺時，他們有一種體驗和通常從 LSD 得到的相同，但有明顯的感情衰減。他們觀察所有看得見的變化，能引起思想中的各種變化，但在情感上是平淡的，他們是非參與的觀察者而不是參與者，這些被試沒有得到高峰經驗。此外，只有 10% 在治療後效果較好，而在幾項較大規模的追蹤研究中，我們期待的治癒率是 60%。」

接下來，我們繼續討論我們的主題：這和一張描述現實、描述世界的特徵表單，雖然是在某些時刻所見的但也恰好和那些被稱為永恆價值、永恆真實的特徵相同。我們在這裡看到了真、善、美三位一體的老相識，也就是說，這一描述的特徵表單同時也是一張價值的表單。這些特徵正是那些偉大宗教家和哲學家所珍視的價值，它幾乎也和人類最嚴肅的思想家們一致同意的生活的終極或最高價值完全相同。

再強調一次，我的第一次陳述是公之於眾的，也是在科學領域內的。任何人能做同樣的事；任何人能自行核實；任何人能利用我曾用過的同樣

程序，並且，假如他願意，也能客觀的把他對我提出的問題所做的回答記錄在磁帶上然後公之於眾。

也就是說，我報告的一切都是公開的、可重複的、可以肯定或否定的；假如你願意，甚至可以定量。它是穩定的、可靠的，因為當我重做時我能得到近於相同的結果。甚至以十九世紀科學最正統的、實證主義的定義看，這也是科學的陳述，它是一種認知的陳述，是一種對現實、對宇宙、對外部世界的特徵的描述，那是講話者和描述者身外的被感知的世界。這些論據能承受傳統的科學方式的檢驗，它們的真或非真都能判定。

然而，正是這同一的關於世界看來如何的陳述也是一個價值陳述。這是最鼓舞人心的生活價值；這是人們願意為之獻身的價值；這是人們願意用努力、痛苦和折磨為代價去換取的價值。這也是一些「最高的」價值，因為它們最經常的光臨最優秀的人物，在他們的最佳時刻、在最佳情況下來臨。它們是高階生活、美好生活、精神生活的限定詞，而且我還可以附加一句，它們是心理治療的長遠目標，是在最廣泛的意義上的教育的長遠目標。人類歷史上的偉大人物就是因為他們具有這樣的品性，所以受到我們的崇敬；這些品性是我們的英雄、我們的聖賢、甚至我們的上帝的特性。

因此，這一認知的陳述和這一評價的陳述應該等同了。事實和價值等同了。作為一種情況被描述、被感知的世界變得和那個被珍視、被希冀的世界等同了。應該成為的世界被是的世界所取代，應該成為的東西已經出現了。換句話說，事實在這裡已和價值相整合。幾乎任何工具價值都能轉化為目的價值，只要一個人有足夠的聰明就要這樣做。一件工作起初為生計的緣故不得不做，最終卻為了它自身的緣故為人所喜愛。即使最沉悶、最單調的工作，只要在原理上是有價值的，就能受到尊崇並成為神聖的。

也就是說，從一個簡單的工具變成一個目的、一種價值自身，即實體化了。有一部日本電影非常清楚的說明了這一點。當癌症死亡臨近時，原本最沉悶的辦公室工作也變得實體化了。生命必須變得有意義和有價值，不論它應該成為什麼樣子。這也是另一種整合事實與價值的方式：一個人能使事實轉化為目的價值，只要把它看成那樣的，並因而使它成為那樣的。但我認為，神聖化或統一的觀察和實體化有所不同，儘管兩者有重疊。

若干年前，我曾報告說，自我實現的人既是對現實和真理很有認識的人，也是一般不會混淆是非的人，他們能比一般人較快並較有把握的做出倫理決斷。前者從那時以來經常得到支持；我也認為我們能更好的理解這一點。

然而，後者一直是個難解之謎。當然，我們能夠更安於這一發現，並更傾向於希望未來的研究能夠肯定它是事實，因為我們今天關於心理健康的心理動力問題了解得越來越多了。

在我的印象中，這二者可能存在著某種內在關聯的。那就是說，我認為對於價值的明確認知在一定程度上是對於事實的明確認知的一種結果，或者說，它們甚至可能是同一回事。

我稱之為存在的認識的東西，或對他、對人或物的內在本性的認識，更經常的出現在更健康的人中，並似乎不僅是對深層確實性的一種認識，而且同時也是對相關對象的應該性的一種認識。概括來說，應該性是深刻認識的事實性的一個內在固有的方面：它自身也是一個有待認識的事實。

而且，這一應該性、要求的品格或需求性或固有的行動需求似乎只對這樣的人有影響，他們能清楚的看到所得印象的內在本性。因此，存在認知能引導到道德的肯定和決斷，正如高智商能引導到對一套複雜事實的明

確認知，或也如一位體質敏感的美術鑑賞者往往能非常清晰的看到色盲不能看到或其他人視而不見的東西。100萬個色盲不能看到地毯的綠色，那也沒有什麼要緊，他們可能認爲那地毯本來就是灰色的，而且這對於那位清晰、生動而無誤的看到事實真相的美術家毫無影響。

因爲更健康的、更有認識的人很少是「應該盲」。因爲他們能讓自己認識什麼是事實所希望的，什麼是事實所要求的，什麼是事實的暗示、需求或懇求；因爲他們能讓自己像道家那樣任由事實引導。因此，他們在一切價值決斷方面較少躊躇，這些決斷取決於現實的性質，或者說其本身就是現實的一部分性質。

分開談論「是認識」和「是盲」以及「應該認識」和「應該盲」可能是有益的，除非一個對象的事實面和同一對象的應該面不可以分開。我相信，一般人因而可以被說成是「是認識」而「應該盲」。健康人是更能認識「應該」的人。心理治療導致更高的「應該認識」。我的自我實現被試者更堅定的道德決斷可能直接來自更明確的「是認識」、更明確的「應該認識」，或同時來自兩者。

我覺得應該附加一句，應該盲可以部分的理解爲一種對潛能、對理想可能性的盲目性，儘管這可能使問題複雜化。作爲一個例子，讓我引述亞里斯多德所說的關於奴役的應該盲。當他審查奴隸時，他發現奴隸確實在性格上是奴性的。這一描述性事實那時被亞里斯多德認爲是奴隸的真正的、最內在的、本能的特質。因此，奴隸的本性如此，他們應該成爲奴隸。金賽也犯了類似的錯誤，把簡單的、表面的描述和「正常狀態」混淆了。他不能看到本來「可能」成爲怎樣的。佛洛伊德和他關於女性軟弱心理的學說也是如此。女性在他的時代確實不怎麼樣，但不能忽略她們機體內可以進一步發展的潛能，正如不能看到一個孩子有機會就能長大成人一

樣。對未來可能、變化、發展或潛能的盲目必然導致一種現狀哲學，把全部現有和可能有的「現在的是」當作標準。正如塞利（Selye）說到描述的社會科學家時所說的，純描述僅僅是一張應邀加入保守黨的請帖。脫離價值的「純」描述，除了其他問題以外，僅僅是草率的描述。

從原則上講，我們可以有描述性的、自然主義的價值科學。「是什麼」和「應該是什麼」間的古老對立是排斥的，從某種程度來講，這種對立是虛假的，像我們可以研究螞蟻、馬、橡樹的價值一樣，我們也能夠研究人的最高價值和目標。我們可以發現（而不是創造或發明），人在健康成長的時候，傾向、嚮往並為之奮鬥的價值是什麼，而在染上心理疾病的時候，失去的價值又是什麼。

不過，我們也意識到，只有當我們把真正健康的人和其餘公眾區分開時，我們才能有成效的研究人的最高價值；至少是在歷史的這個時代和供我們使用的技術還有限的情況下必須如此。我們不可能把精神病態的嚮往和健康的嚮往加以平均，並由此提出有益的成果。

在我的意識中，這些價值是創造或建構的，也是揭示的；它們是人性自身結構中固有的；它們來自生物上的和基因上的發展，但也有文化上的發展；我是在描述它們，而不是在發明它們、設計它們，或渴望得到它們。這種看法與沙特等人的看法截然不同。

在這裡，為把這種觀點以更加清楚明白的方式提出來，我們可以研究各種環境中的人、各種健康程度的人、各種年齡階段的人的選擇或偏愛。作為研究者，我當然有這樣做的權利，正如我有研究小白鼠、猿猴、精神病患者的自由選擇的權利一樣。我們透過這種研究，可以避免價值觀上許多不相干的和令人迷惑的爭論，而且這樣的研究還有一種優點，強調了計

畫的科學性，完全消除了先驗性。不管怎麼說，我的信念是，「價值」概念不久就會被廢棄掉，因為它包含的意義太多，意味著形形色色的東西，而且歷史也太長。另外，這些各式各樣的用法並不經常意識到，因而造成了混亂。我經常想，乾脆把這個詞拋棄，選用一個更特定的、因而較少混淆的同義詞，一般情況下這是可能的。

這種更自然主義的、更描述性的、更科學的研究，還有這樣的長處，它能變換問題的形式，從負載過重的問題轉移到能夠依據經驗檢驗的問題，也就是說，從已負載著隱含的、未經審查的價值的「必須」和「應該」問題轉移到普通經驗形式的問題。例如，人在自由選擇時遇到的問題，何時？何地？何人？多少？在什麼條件下？等等。

我的另一些主要假設是所謂更高階的價值、永恆的美德等等，與我們在相對健康的（成熟的、發展的、自我完成的、個別化的）人處在好的境況、並覺得自己最好和最強時的自由選擇中所發現的東西很近似。

或者，這個假設可以用更有描述性的方式表達：當自我實現的人覺得強大的時候，如果真正的自由選擇有可能的話，那麼他們就自發的傾向於選擇真而不是假、善而不是惡、美而不是醜，傾向於選擇整合而不是分裂、快樂而不是悲傷、生氣勃勃而不是死氣沉沉、獨特性而不是老一套等等。概括來說，他們傾向於選擇我描述為存在價值的東西。

在這裡一個輔助性的假設：同樣可以在所有人至少是大多數人身上輕微的看到選擇這些存在價值的傾向。也就是說，這些存在價值可能是普遍的人種價值，它們可以在健康的人身上最顯著的看到，而且，在這些健康的人身上，這些高階的價值極少被由焦慮引起的防禦價值降低成色，也極少被那種我歸入健康的倒退價值或「滑行的」價值降低成色。

另一個非常可信的假設是，在整體上說，健康的人所選擇的東西是「對他們有益的」東西；在生物學的範疇內說，肯定也是這樣；在其他意義上說，也可能是這樣。在這裡，「對他們是有益的」意味著「有助於他們和別人的自我實現」。此外，我猜想，從長遠來說，對健康人是有益的東西（被他們選擇的東西），對不太健康的人也可能是有益的東西，如果他們能夠成為好的選擇者的話。說明這個意思的另一種方式是，與不健康的人相比，健康人是更好的選擇者。或者把這個論斷倒過來。

　　我建議，我們觀察和探索自我實現者的選擇結果，然後假定這些選擇結果是整個人類的最高價值。也就是說，當我們把他們這種最佳樣品，假裝看成是生物學上的分析物，是我們自己的一種更靈敏的變體，能比我們自己更快的意識到什麼東西對我們有益時，再看會發生什麼情況。這也就是說，如果設想有充足的時間，那麼我們最終也會選擇他們迅速選擇的東西。或者說，我們朦朦朧朧的察覺到的東西，他們能敏銳而清晰的察覺。或者說，我們遲早會看到他們選擇的智慧，隨後也會做出同樣的選擇。

　　我再假定，從大致上來看，高峰經驗時察覺到的價值與上述選擇價值是一樣的。我之所以做出這個假設，只為了表達選擇價值只有一種。

　　最後，我假定，從某種程度來講，這些作為偏愛或動機存在於我們最佳樣品身上的存在價值，也是描述「好的」藝術品、普遍的大自然，或好的外部環境的價值。人內部的存在價值，與在宇宙中察覺到的同樣價值是同型的，而且，這些內部的和外部的價值之間，有相互促動和相互加強的動力關係。

　　這裡只是說明一個意思，這些命題是斷言人性內部存在最高價值，並有待於在那裡被發現。這與那種古老的、傳統的信仰——最高的價值只能來自超自然的上帝，或來自某種人性自身之外的泉源——是尖銳對立的。

不干預的「任其自然」

存在認知使活動成為不可能，或者至少是使活動猶豫不決，這是它的主要危險。存在認知沒有判斷、比較、宣判或評價。它也沒有決定，因為決定是行動的準備，而存在認知是消極凝視、鑑賞、不干預事物，是「任其自然」。如果一個人僅是凝視腫瘤或細菌，或者肅然敬畏，讚美、驚異、陶醉於豐富理解的快樂，那麼，他就什麼也不會去做。所有一切全都被暫時擱置在一邊了，無論是憤怒、畏懼、改善境遇、破壞或屠殺的欲望、譴責，或是以人為中心的結論（「這對我是有害的」或者「這是我的敵人，會傷害我」），錯誤和正確、善和惡、過去和將來，全都與存在認知沒有關係，同時也是對它不起作用的。在存在主義的意義上說，這不是一般意義上的人性，或者至少這不是存在於世界之中；存在認知是超然的、有同情心的、非主動的、非干預的、非行動的。它與以人為中心的意義上的朋友和敵人是沒有關係的。只有當認知轉移到缺失性認知時，即轉到決定、判決、懲罰、譴責、規劃未來的時候，活動才成為可能。

既然是這種情況，那自然會產生危險：存在認知與當時的活動是不相容的。但是，由於在大多數時候我們是生活在世界中，所以活動是必須的（防禦的或進攻的活動，或利己主義的活動，從觀看者的角度而不是從被觀看者的角度說）。老虎，從它自己「存在」的觀點看，有活的權利（蒼蠅、蚊子、細菌也一樣）；而人也有同樣的生活權利。這樣，衝突就不可避免了。自我實現可能迫使人殺死老虎，儘管對老虎的存在認知是反對殺死老虎的。

雖然從存在主義的觀點看，自我實現概念的固有的和必需的東西，也是一定的利己和自我保護，是對必要的暴力甚至殘忍的某種允許。因此，

自我實現不僅需要存在認知，而且也需要缺失認知作為自身不可或缺的方面。這就意味著，衝突和實踐的果斷、抉擇，必然包含在自我實現的概念中。這就意味著搏鬥、抗爭、努力、不確定、內疚、悔恨也必定是自我實現的副現象。這就是說，自我實現必須包括兩個方面：沉思（注視）和活動。

在有某種分工的社會裡，這是有可能的。如果另一個人可以進行這種活動，那麼沉思者完全可以免除活動。我們並不需要為我們自己吃牛排而去宰牛。戈德斯坦已經以廣泛概括的形式指出了這一點，正像他的腦損傷的病人那樣，由於別人保護他們，並為他們做他們所不能做的事情，從而使他們能夠無分離、無災難、無焦慮的生活。一般來說，自我實現者在各個領域得到別人的容許和幫助，至少在特定範圍內是如此，因此自我實現變得有可能了。

我的同事托爾曼（Tolman）在談話中曾強調說，在專門化的社會裡，全面豐足的自我實現的可能性會變得越來越小。愛因斯坦（Einstein），一個在他的晚年高度專門化的人，由於他的妻子、朋友們的幫助和容許，才有可能自我實現。愛因斯坦之所以能放棄多面性並且自我實現，是因為其他人為他做了事。在荒島上，單獨的，他可能有戈德斯坦意義上的自我實現，即在環境容許的條件下盡他的所能。但是，無論如何，他已經具有的這種專門化的自我實現，在那裡是不可能的。而且，自我實現大概是全然不可能的，也就是說，他可能死去了，或者由於他明顯的無能為力而變得焦慮和自卑，或者可能悄悄的回到缺失性需求程度的生活。

存在認知和沉思理解的另一危險，是它可能使我們成為不太負責的，特別是在幫助別人方面。極端的事例是對幼兒的態度，「任其自然」意味著阻礙他的發展，甚至意味著扼殺他。我們對於非幼兒、成人、動物、土

地、樹木、花草等也都負有責任。對美麗的腫瘤感到極端驚異而不理會病人的醫生，可能傷害了他的病人。如果我們鑑賞洪水，我們就不會建築堤壩。這不僅對於遭受不活動後果的其他人，而且對於沉思者自己，都是確確實實的。由於他的旁觀和不活動在別人身上造成的惡劣後果，肯定會感到是有罪的。他必然感到問心有愧，因為在某個方面他「愛」他們；他與他們的兄弟情誼使他們融成一體，這就意味著關心別人的自我實現，而他們的死亡或遭難則中止了他們的自我實現。

這種二難推理的最好例子，在教師對學生，父母對子女，治療者對病人的態度上完全可以找到了。在這裡，很容易看到，這種關係變成了自身同類的關係。但是，我們也必須處理一些急需解決的問題，如教師（父母、治療者）在促進成長上的責任，也就是樹立界限、紀律、懲罰、不使滿足、蓄意成為阻撓者、做出能喚醒而又能承受的敵意等等。

活動的抑制和責任心的喪失導致宿命論。也就是說，未來將成為怎樣就成為怎樣，世界是怎樣就是怎樣，這是確定了的。對此，我沒有事情好做。這是意志論的喪失，自由意志的喪失，是決定論的一種壞理論，而且對於所有人的成長和自我實現肯定是有害的。

不活動的沉思肯定會受到這種沉思危害的其他人的誤解。他們會認為這是缺乏愛，是缺乏關心和同情。這不僅會阻礙他們向著自我實現成長，而且可能使他們在成長的斜坡上往下滑，因為這會「告訴」他們這個世界是壞的，而且人也是壞的。結果，他們對人的愛、尊重和信任將會倒退。這也就意味著使世界變得更壞，特別是對兒童、青少年和意志薄弱的成人來說是如此。他們把「任其自然」理解為忽視和缺乏愛，甚至理解成蔑視。

純沉思就是上述問題的一個特例，包含不書寫、不幫助、不教育的意思。佛教區分為佛陀和菩薩。佛陀只是為自己獲得啟蒙，而不管其他人；而已經達到了啟蒙的菩薩，則仍然覺得只要其他人還沒有得到啟蒙，他自己的皈依就不是盡善盡美的。我們可以說，為了自我實現，他必須離開存在認知的極樂世界，以便能幫助其他人並且教育他人。佛陀的啟蒙是純粹個人的、私人的占有物嗎？還是它也必定屬於其他人、屬於世界呢？

　　的確，書寫和教育他人經常是從極樂世界隱退，它意味著自己放棄天堂，而去幫助其他人達到天堂。當然，也並非永遠是這樣。禪宗和道教是正確的嗎？他們說：「你一談了它，它就不存在了，它就不再是真實的了。」這就是說，檢驗它的唯一方法是體驗它，而且用什麼話都永遠不能描述它，因為它是不可言喻的。

　　當然，雙方都有正確的一面，這也是存在主義永遠不能解決的二難推理的原因。

　　如果我發現了一個其他人可以分享的綠洲，我將獨自享受它呢？還是把別人也領到那裡以便挽救他們的生命？如果我發現了優勝美地山谷，而它的美麗在一定程度上是由於它的寂靜、無人、幽僻，那麼，我是保持它的原狀好呢？還是使它成為千百萬人觀賞的國家公園好？因為人們是眾多的，這會使它失去它的本來面目，甚至會使它遭到破壞。

　　我要不要和其他人分享我的私人海灘，從而使它成為非私人的？尊重性命、憎恨主動殺生的印度人，讓牛吃得很肥卻任嬰兒大量死亡，這究竟算不算正確呢？

　　在貧困的國家中，面對挨餓的兒童，我究竟在何種程度上思考才可以讓自己享用食物？在這些問題上，沒有一個好的、徹底的、理論上的先驗

答案。自我實現必然是利己的,然而它也必須是不利己的。因此,這裡必定有抉擇、衝突,以及遺憾產生的可能性。

也許分工的原理(與個人體質性差異的原理相關聯)能夠幫助我們找到較好的答案(儘管永遠不可能找到盡善盡美的答案)。在各種宗教團體中,一些人受到「利己的自我實現」的感召,另一些人受到「成為善的自我實現」的感召。這可能是符合社會要求的,因為社會贊成一些人變成「利己的自我實現者」,變成純沉思者。社會可能設想支持這種利己的自我實現者是值得的,因為他們可以給其他人樹立良好的榜樣,為別人提供純粹的、世界之外的沉思(旁觀)能夠存在的啟示和範例。我們為少數幾個偉大的科學家、藝術家、作家和哲學家做這樣一些事情,我們免除他們進行教學、寫作和承擔社會責任的義務,不僅是由於「純粹的」理性,而且是在進行一場冒險,認為這樣可以抵償我們的支出。

這個二難推理也使「真實的內疚」問題複雜化了(佛洛姆的「人道主義的內疚」),我這樣稱呼它是為了把它與精神病的內疚區分開。真實的內疚來自沒有達到對你自己的、對你自己一生命運的、對你自己固有本性的忠誠。

在這裡,我們就產生了進一步的問題:「什麼樣的內疚出自對你自己的忠誠,而不是來自對他人的忠誠呢?」因為我們看到,對你自己的忠誠有時可能與對他人的忠誠存在著固有的、必然的衝突,只在極少數情況下,選擇才能同時滿足二者。如果為了對你自己是忠誠的,你就必須對別人是不忠誠的,而社會興趣又是心理健康的本質方面或規定方面,那麼,這個世界必然是可悲的,因為自我實現的人為了挽救另一個人就要犧牲他自己的某些部分。從另一方面說,如果你首先對自己是忠誠的,那麼這個世界也必然是可悲的,因為純粹的(而且是利己的)沉思者並沒有幫助我們的想法。

存在認知可能導致無區別的認可、損害日常的價值、喪失鑑別能力以及過分容忍。的確如此，當每一個人只是從自己存在的觀點來看自己時，就會把自己看成是完美的。這時，對於這種觀點來說，一切評價、評定、判斷、非難、批評、比較全都不適用而被拋在一邊了。然而，請允許我說，無條件的認可對於治療者、相愛者、教師和朋友來說是絕對必要的。顯然，對於法官、警察和行政官員來說，無條件認可只是其中的一部分。

我們已經考察了包含其中的兩種人際態度的不相容性。大多數心理治療家都會拒絕對他的病人採取懲戒或懲罰活動。許多行政官員、管理人員或將軍，則拒絕對他們指揮的人承擔任何治療的責任，對於他們指揮的人，他們的態度只有解僱和懲罰。

幾乎對於所有的人，這種困難都由在不同場合既應該成為「治療者」又成為「警察」的必要性造成。而且，我們可以推測，人性越完美的人擔當這兩種角色也就越認真。和通常根本意識不到這種困境的普通人相比，這種完美人性越多的人，很可能被這種困境搞得更加煩惱。

可能是由於這個原因，也可能是由於別的原因，我們所研究過的自我實現的人，一般都能依靠同情和理解把兩種功能很好的結合起來，而且他們也比普通人更有正當義憤的能力。有些資料證明，自我實現的人和比較健康的大學生在表露正當義憤和非難的程度時，與普通人相比，前者顯得更真誠和更少猶豫。

除非理解和同情有憤怒、非難和義憤作為補充，否則就有可能拉平一切感情，對人反應平淡，無義憤能力，喪失對真正能力的識別力，扼殺優越性和美德。對於專業的存在認知者來說，這就有可能導致職業上的危險。例如，如果我們可以從表面上評價這種普遍印象的話，那麼我們就可

以說，許多心理治療家在他們的社會交際中，看來就過分中立和無反應，太溫和，太平穩，太沒有火氣了。

在一定意義上說，對於另一個人的存在認知就是把他看成「十全十美的」，這很可能使他產生誤解。不僅受到無條件的認可、接受絕對的愛、得到完全的讚許，有奇妙的增強和促進成長的作用，還有高度治療的作用，而且能促進心靈發展。然而，我們也必須意識到，這種態度也可能被曲解為一種不能容忍的要求；也就是說，他以不實際的至善論的期望作為生活實踐的目標。他覺得越不完善和越無價值，他對「完善」、「認可」這些詞曲解得就越多，他也會越發覺到這種態度是一種包袱。

當然，「完善」這個詞有兩個意思，一是存在範疇內的，一是缺失、力求、形成範疇內的。在存在認知中，「完善」意味著完全現實主義的理解和承認這個人的一切實際情況，在這層意義上，說明每一個活著的人都是完善的。在缺失性認知中，「完善」包含不可避免的錯誤感知和幻覺的意思在內。也就是說，在第一種意義上，每一個活著的人都是完善的；在第二種意義上，沒有一個人是完善的，而且永遠不可能是完善的。簡而言之，我們可以把他看成是存在性完善的，因而自然就可能弄得不自在、自卑和深感內疚，彷彿他在欺騙我們。

我們可以合理的推論出，一個人越是能夠存在的認知，他也就越能認可和享受存在認知。我們也可以預期，這種曲解的可能性通常可以在存在認知者、完全理解並認可另一個人的人身上，形成棘手的策略問題。

值得在這裡分開來談的最後一個棘手問題：可能有的過分唯美主義是存在認知保留下的。對生活的美感反應，在本質上往往與對生活的實踐和道德反應相牴觸（古老的形式和內容的衝突）。一種可能性是完美的描繪

醜陋的東西，另一種可能性是不適當的、非審美的描繪真的、善的、甚至美的東西。我們真、善、美的描繪真、善、美，即沒有問題的描繪，暫時撇開不談。由於這個二難問題在歷史上已經爭論得太多了，所以，在這裡我只是指出，它也包括更成熟的人對不太成熟的人的社會責任的問題，即對可能混淆存在認知和缺失性贊成的人的社會責任的問題。對於生活在令人恐怖的和使人誤入歧途的世界上的存在認知的人，這是一個要承擔的附加責任。

二難推理問題

從理論上看，自我實現被誤解為靜態的、不真實的、「完美的」狀態，似乎在這種狀態中，一切人的問題全都超越了，人們「永遠快樂的生活」在寧靜或狂喜的超人狀態中。但從經驗上看，情況並非如此，這也是我急於糾正的主要原因。

為了使實際情況更清楚些，我可以把自我實現描述為這樣的人格發展，這種人格發展使人擺脫了年輕人的缺失問題，也擺脫了人生的精神病態（幼稚的、幻想的、不必要的、「不真實的」）問題。因此，他能夠對付、忍受和抓住人生的「真正」問題，因為人內在的和終極的問題，避免不了「存在性」問題，對於這些問題並沒有什麼完善的答案。也就是說，這並不是問題不存在了，而是一個從過渡性問題或不真實的問題運動到真實的問題。為了使人驚醒，我甚至可以把自我實現的人稱之為自我認可和頓悟的精神官能症患者，因為這個概念能夠解釋「理解和承認人的固有狀態」的同義語，也可以說，勇敢的面對和承認人性的「缺點」，甚至是對這些缺點「欣賞」並感到有趣，而不是力求否定它們。

正是這些真實的問題，甚至是（或者尤其是）最成熟的人都要碰到的問題，才是我希望在將來討論的。例如，真實的內疚，真實的悲痛，真實的孤獨，健康的利己，英勇，責任心，對別人負責等等。

隨著普遍級人格的形成一起到來的，除了看到真理時的內在滿足而不是欺騙自己之外，當然還有量上的（以及質上的）增進。從統計的角度來看，大多數人的內疚是精神病性質的，而不是真實的內疚。成了無精神病性質的內疚的人，確實意味著內疚的數量更少了，儘管真實的內疚可能繼續存在。

不僅如此，高度發展的人同時也有更多的高峰經驗，並且這些體驗是更加深刻的（即使這一點可能不大符合「著迷的」或阿波羅型的自我實現的實情）。這就是說，雖然成了更完善的人仍然有問題和痛苦（儘管是「更高等的」類型），然而實際情況卻是，這些問題和痛苦在數量上是較少的，而愉快在數量上則是更多的，而且在品質上是更高的。總之，由於達到了個人發展的更高水準，所以個體在主觀上更入佳境。

自我實現者比一般公眾在特殊類型的認知，即我稱之為存在認知上是更有能力的。我把這種認知描述為本質的、存在性的、內在結構和動力的、人和物或任何事物現存潛力等的認知。存在認知與缺失認知、或以人為中心的認知和以自我為中心的認知形成鮮明的對照。正是因為自我實現並不意味著沒有問題，所以存在認知作為自我實現的一個方面，包含著一定的危險。

在自我實現的研究對象身上，存在性認知和缺失性認知之間有什麼關係呢？他們是怎樣把沉思和活動相連起來的呢？雖然當時我並沒有以這種形式想到這些問題，但是，我可以用回想的方式報告如下印象。

　　首先，這些自我實現的研究對象在存在認知、沉思和理解能力方面比一般的公眾要大得多。這一點看來是個程度的問題，因為每一個人似乎都有偶然的存在認知、純粹沉思、高峰經驗的能力。

　　第二，他們同樣也有更多的有效活動和缺失性認知的能力。必須承認，這可能是在美國選擇研究對象的副現象，甚至這也許是研究對象的選擇者是美國人這個事實的副產品。總之，在我研究過的自我實現的人中，我沒有碰到像佛教僧侶那樣的人。

　　第三，我回憶的印象是，在大多數時刻，大多數完美人性的人都過著我們叫做日常生活的生活 —— 購物，吃飯，成為有教養的人，去看牙科醫生，思考金錢，反覆思考是選擇黑色皮鞋還是棕色皮鞋，去看無聊的電影，閱讀流行的文學作品等等。可以普遍的預測，他們對惹人厭煩的事情是生氣的，對罪行是震驚的等等。儘管這些反應可能是不太強烈的，或具有同情色彩的。高峰經驗、存在認知、純粹沉思，無論自我實現的人看來是如何頻繁，但是從絕對數量上看，即使是對他們來說，這些也是罕見的體驗。這一點是實際情況，儘管還有另一種實際情況：即更成熟的人在一些別的方面會全部或大部分時間生活在更高水準上，例如，更清楚的區分工具和目的、深層和表面。一般的是更表現的、更自發的，與他們所愛的東西是深切的連結在一起的等等。

　　因此，這裡提出的問題更多的是終極問題而不是中間問題，是理論問題而不是實踐問題。然而，與理論上努力說明人性的可能性和限度相比，這些二難推理問題是更重要的。因為它們是真實內疚、真實衝突的起因。它們是我們可以叫做「真實存在心理病理學」的起因。我們必須繼續與這些二難推理問題進行爭鬥，因為它們也是個人的問題。

存在愛有更透澈的感知力

　　我透過與 80 名個人進行個別談話以及 190 名大學生對下述引導語的書面回答做出的原始近似概括 —— 一種印象主義的、典型的、「混成的模擬」或組織。

　　我希望你想一想你生活中最奇妙的一個體驗或幾個體驗 —— 最快樂的時刻，著迷的時刻，銷魂的時刻，這種體驗可能是由於戀愛，或者由於聽音樂，或者由於突然被一本書或一張畫「擊中了」，或者由於某種強大的創造契機。首先列出這些體驗，然後請你盡力告訴我，在這種激動的瞬間，你的感覺是怎樣的，你這時的感覺與其他時候的感覺有何不同，在這種時刻，在某些方面你是怎樣一個不同的人。在其他研究對象那裡，問題也可以這樣提出：這時世界看來有什麼不同。

　　事實顯示，沒有一名測試者做出完整的症候報告。我把所有不完整的回答加在一起，得出了一個「完整的」混合症候群。另外，大約有 50 人閱讀了我以前發表的文章後，主動給我寫了信，向我提供了關於高峰經驗的個人報告。最後，我還發掘了大量關於神祕主義、宗教、藝術、創造、愛等許多方面的文獻。

　　自我實現的人，那些已經達到高度成熟的人、健康的人、自我完成的人，給我們很多有益的經驗，以致有時覺得他們是不同種的人。但是，由於這些如此的新穎，所以它最終的可能性和抱負就是探索人性所能達到的高度，這是艱鉅而曲折的任務。對我來說，這個任務包括不斷破除珍愛的公理，不斷處理似乎矛盾的、相互牴觸的和模糊不清的現象。每當那些長期建立起來的、深信不疑的、似乎無懈可擊的心理定律在我頭腦中糾纏

時，我也會很傷感。不過，這些東西往往被證明根本不是什麼定律，而只是在輕微的、慢性的心理病理和畏懼狀態下，在發育不全、殘缺和不成熟狀態下的生活常規。這些缺陷我們並不注意，因為他人大都也具有這一類和我們相同的疾病。

在科學理論的創立歷史上，最具有代表性的情況是：在任何科學解決成為可能以前，便有一種對當時缺陷的不安感。換個方式來說，在創立科學理論之前，對未知領域的探索通常是採取一種深感不滿的形式。例如，在我們研究自我實現者時，首先向我提出來的一個問題，就是模模糊糊的察覺到他們的動機生活在一些重要方面不同於我過去學習和知道的那些動機。一開始時，我把他們的動機描述為表述的而不是應付的。但是作為全面的表述，這並不是完全正確的。然後我又指出，這是非激發的或超激發的、超越努力的，而不是被激發的。但是，這個表述是如此嚴重的依賴你所認可的那種動機理論，以致這種表述造成的困惑和它給予的幫助一樣多。我已經對比過成長性動機和缺失性動機，在這裡是很有幫助的。但是這仍然不是定義性的，因為它並沒有充分區別開形成和存在，必須提出一個新的行動方針轉入存在心理學，它包含和概括了已經做出的三種嘗試，以某種書面方式說明，在動機生活和認知生活方面，充分發展的人和其他大多數人有哪些差異。

存在狀態是暫時的、超激發的、非努力的、非自我中心的、無目的的、自我批准的狀態，是盡善盡美和目標達到時的體驗和狀態。這種分析的形式，首先來自研究自我實現者的愛的關係，其次來自研究其他人，最後來自瀏覽神學、美學、哲學文獻。但最為重要的事卻是區別兩種類型的愛：缺失愛和存在愛。

我在存在愛（為了其他人或物的存在）的狀態中發現了一種特殊的認

知，那是心理學知識未曾武裝過的。但是，後來我看到，一些藝術的、宗教的和哲學的作者對這種認知卻曾有很好的描述。我將這種特殊的認知稱之為存在性認知。它與那種由個體缺失性需求構成的認知 —— 我稱之為缺失性認知的那種認知 —— 形成鮮明的對比。存在愛有更敏銳、更透澈的感知力，即他能在親愛的人身上覺察到他人視而不見的現實。

在這裡我以一種獨特的描述方式概括存在愛體驗中的一些基本認知事件的嘗試。存在愛的體驗，也就是父母的體驗，神祕的或海洋般的或自然的體驗，審美的知覺，創造性的時刻，矯治的和智力的頓悟，情欲高潮的體驗，運動完成的某種狀態等等。這些以及其他最高快樂實現的時刻，我將稱之為高峰經驗。

在「實證心理學」或「行為心理學」中，這個問題是未來的一個議題。因為我們論述的是充分發揮作用和健康的人，而不僅僅論述常規的病人，因此，它與「一般人的心理病理」心理學並不是矛盾的；它超越了那種心理學，而且能以一種更廣泛的、更綜合的結構呈現那種心理學的所有發現。這個更廣泛的理論結構既包括疾病的，也包括健康的；既包括缺失性的，也包括形成的和存在的。我把它稱之為存在心理學，因為他關心的是目的，而不是工具，也就是說，它關心的是目的體驗、目的價值、目的認知，以信作為目的的人。大多數心理學是研究不具備的而不是研究具備了的東西，是研究努力而不是研究完成，是研究挫折而不是研究滿足，是研究尋求快樂而不是研究達到了快樂，是研究力圖達到那裡而不是研究已存在在那裡。一切行為都是被激發的，這雖然是錯誤的和先驗的公理，然而被普遍的接受了，似乎是不言而喻的。

真、善、美三位一體

在存在認知的過程中，體驗或對象普遍存在著被看成是超越各種關係、可能的利益、方便和目的的傾向。從某種角度來思考，它似乎就是宇宙中所有的一切，似乎它就是和宇宙同義的全部存在。

這一點與缺失性認知形成鮮明的對照，大多數的人類認知經驗都是缺失性認知。這些經驗只能是部分的和不完整的。

我想起了 19 世紀的絕對唯心主義，在這種看法中，全部宇宙被設想成是一個單位。由於這個統一體永遠不可能被有限的人容納、理解或認知，所以一切對現實的認知，必然被看成是存在的部分，而它的整體永遠是不能想像的。

在具有存在認知的時候，知覺對象是被充分而完全的注意到的。這個特性可以叫做「整體注意」。在這裡，我試圖描述的特性與迷戀補充完全吸收。在這種注意中，圖形成為全部的圖形，背景實際上消失了，或者至少是沒有被顯著的覺察到。這時，圖形似乎從所有其他東西中抽出來了，世界彷彿被忘掉了，似乎這時這個知覺對象已變為整個存在。

由於整個存在正在被察覺，如果整個宇宙又可以同時被容納，那麼它所包含的一切規律都會被掌握。

這種知覺與常規知覺有明顯不同。在這裡，注意對象和注意相關的所有其他東西是同時進行的。對象是在它與世界上所有其他東西的關係中，而且是作為世界的一部分被察看的。正常的圖形背景關係是有效的，即背景和圖形兩者都被注意到了，儘管是以不同方式被注意到的。另外，在普通的認知中，對象不是按其本來面目，而是作為類的一個成員，作為更大

範疇中的一個範例來看的。我已經把這種知覺描述為「類化的」，而且還要指出，這種常規知覺並不是包括人和物各個方面的完美知覺，而是一種分類、歸類，是為放進這個或那個文件櫃而貼上標籤的。

假如想更清楚的了解我們日常的認知，就要在一個連續統一體上進行，這裡包括自動的比較、判斷和評價，如更強、更少、更好、更高等等。

而存在認知可以叫做不比較的認知，或者不判斷的認知，不評價的認知。我的意思是那種與我們不同的原始人知覺方式。

一個人可以作為他本身來自察，即由他自己來看他自己。他可以被特異的和獨特的察看，彷彿他是他那一類的唯一成員。這就是我們透過獨特的個體知覺所表示的意思。當然，這也是一切診療學家所力求做到的。但是，這是一個非常困難的任務，它比我們平常打算承受的困難要大得多。然而，這樣的知覺是能夠短暫的發生的，而且在高峰經驗中，它已經作為這種體驗的特徵發生了。健康的母親愛戀的感知她的嬰兒，就近似這種個體的獨特知覺。她的嬰兒完全不同於世界上的任何其他人，他是妙極的、完美的、令人銷魂的（至少她能夠把自己的嬰兒從格塞爾常規中分離出來，並能夠與鄰居的孩子進行比較）。

一個對象整體的具體知覺也包含這種帶著「關懷」看的意思。反過來也是一樣，即「關懷」對象可以引起對它的持續注意。反覆的審視知覺對象的一切方面是非常必要的。母親一再的凝視她的嬰兒，戀人一再的凝視他所愛的人，鑑賞家一再的凝視他的畫，這種精細的關懷肯定會比那種不合邏輯的、一閃即過的、漫不經心的形式化知覺能夠產生更完整的知覺。從這種全神貫注的、入迷的、完全注意的知覺中，我們可以期望獲得細節

豐富的、對客體多側面的知覺。這種知覺成果與漫不經心的觀察成果形成鮮明對照，後一種知覺只能提供經驗、對象的裸露骨架，只是有選擇的看到它的某些方面，而且是從「重要」和「不重要」的觀點出發的（一幅畫，一個嬰兒或所愛的人有什麼「不重要」的部分呢？）。

存在認知的實際情況是，人的一切知覺在某種程度上是這個人的產物，而且在一定程度上是他的創造。但我們也可以整理出外部對象 —— 作為與人的利害無關的東西，和作為與人的利害有關的東西 —— 在知覺上的一些差異。一般來說，自我實現者通常這樣感知世界萬物：彷彿某個對象不僅在外部事物之中是獨立的，而且它也是獨立於人的。普通人在他最高大的時刻，即在他的高峰經驗的時刻，也是如此。這時，他能比較容易的這樣看待自然，彷彿是從它自身並且是為了它自身來看，它本來就在那裡，而不是作為人的活動場所、為了人的目的而放置在那裡的。他能比較容易的防止把人的目的投射到它上面去。總之，他能按照對象自身的存在（「終極性」）來看待它，而不是作為某種有用的東西，或者作為某種可怕的東西來看待它，也不是按照某個別人的方式對它做出反應。

讓我以顯微鏡觀察切片作例子。這架顯微鏡透過組織切片可以發現事物本身的美，或事物的威脅、危險和病態。透過顯微鏡觀察腫瘤的切片，如果我們能夠忘掉它是癌，那麼它就可以被看成是美麗的、複雜的和令人驚異的組織。如果從蚊子本身的目的看，那麼牠就是一隻奇妙的東西。病毒在電子顯微鏡下也是迷人的東西（或至少它們是可以迷人的東西，只要我們能夠忘掉它們與人的關係的話）。

由於存在認知更有可能成為與人毫無關聯，所以，它就能使我們更真實的去查看事物本身的性質。

重複的存在認知看來能使知覺更豐富，這是我在研究存在認知和普通認知中浮現出來的一個差異，但至今我尚未證實。重覆審視我們所愛的面孔和我們讚賞的繪畫，會使我們更喜歡它，而且能使我們在各個方面越來越多的感知它，這個我們稱之為客體內部的豐富性。

但是，重複存在認知的效應與普通的重複體驗的效應（厭煩、熟悉、喪失注意等）相比，則構成更鮮明的對照。我發現了使我稱心如意的事，儘管我並未企圖證實它。重複陳列我認為是好的畫，會使這些畫看起來更美；然而重複陳列我認為不好的畫，則會使它們看起來更不美。對於好人和壞人（如殘忍卑鄙的人）來說，實際情況也是如此，即重複的審視好人，似乎使他們看起來更完美；而重複的查看壞人，則內心傾向於使他們看起來更壞。

在那種普通的知覺中，通常最初的知覺只是分成有用的和無用的、危險的和沒有危險的類別，重複的觀察會使它變得越來越空虛。基於焦慮或由缺失性動機決定的普通知覺的任務，通常在第一次查看時就完成了。接著，察看需求就消失了，此後，已經分成了類別的人和物，簡直就不再被覺察了。在重複體驗時，貧乏就顯露出來。這樣一來，貧乏也就會越來越突出，越來越多。此外，重複的觀察不僅會造成這種知覺的貧乏，而且會造成持有這種知覺者的貧乏。

與不愛相比，愛能導致對於所愛對象內在本質更深刻的知覺，這裡主要的機制之一就是愛包含迷戀這個所愛的對象，因而「關懷」的重覆審視、研究、查看、觀察。相愛的人能相互看出潛在性，這一點旁觀者是無能為力的。習慣上我們說「愛是使人盲目的」，然而，現在我們必須承認愛在一定情境中比不了更有知覺能力這種可能性。當然，這裡也包含著可能在某種意義上察覺尚未實現的潛在性的意思在內。這並不像是難以研究

的問題。專家手中的墨跡測驗也是探察那些並沒有現實化的潛在性的。在原則上這是一個可以檢驗的假設。

美國心理學，或者更廣泛的說，西方心理學以那種我認為是種族中心主義的方式假定，人的需求、畏懼和興趣必然永遠是知覺的決定因素。知覺的「新觀點」是以認知必定永遠被激發的這種假設為基礎的。這也是古典佛洛伊德主義的觀點。進一步的假設包括，認知是應付現實的工具性機制，以及在很大程度上認知必然是以自我為中心的。設想事物之所以被看到只是由於觀察者的興趣的優勢地位，而且設想經驗必然是以自我為中心或定點而組織起來的。另外一點，這是美國心理學中的一個古老觀點，即所謂的「機能心理學」，它在廣泛流行的達爾文主義的強烈影響下，也傾向於從能力的有效性和「實用價值」的觀點來考慮一切能力。

而且，我把這種觀點看作是種族中心主義的原因，其中之一顯然是由於它作為西方觀點的自然流露而出現的，另一方面是由於它受到東方特別是中國、日本、印度的哲學家、神學家和心理學家的著作的長期忽視，而不提及戈德斯坦、墨菲、赫胥黎、索羅金（Sorokin）、史瓦茲（Schwartz）、安吉爾（Angell），以及許多其他的作者。

在自我實現者的正常知覺中，以及在普通人比較偶然的高峰經驗中，知覺可能是相對超越自我的、忘我的、無我的。它可能是無目的的、非個人的、無欲求的、無自我的、無需求的、超然的。它可能是以客體為中心的，而不是以自我為中心的。這就是說，知覺經驗可以圍繞作為中心點的客體組織起來，而不是以自我為基礎組織起來，彷彿他們覺察的是某種獨立的現實，這些現實並不依賴觀察者。在審美體驗和戀愛體驗中，有可能成為如此全神貫注，並且「傾注」到客體之中去，所以自我自然消失了。一些討論美學、神祕主義、母性和愛的作者，如索羅金，甚至已經達到這

樣的地步，認為在高峰經驗中我們甚至可以說觀察者和被觀察者的同一、兩個事物融合成一個新的更大的整體、一個超級的單位。這使我們想起某些關於神人和自居作用的定義。當然，這也展現了在這方向上進行研究的可能性。

高峰經驗被認為是自我批准的、自我證實的時刻，這種自我證實把自己的內在價值帶給了自己。這就是說，它本身就是同一的，是我們可以稱作目的體驗的而不是工具體驗的東西。它被認為是如此寶貴的一種體驗，是如此強大的一種啟示，甚至試圖證實它也會脫離它的尊嚴和價值。透過我的研究對象關於他們的愛情體驗、神祕體驗、突然頓悟的報告，顯示它是普遍性的證明，尤其是在治療情境中的頓悟時刻，這一點變得更明顯了。由於人會採取防禦手段保護自己避免洞察真情，所以頓悟的根本含意就是痛苦的認可。它的突入意識，有時對人是沉重的打擊。然而，儘管如此，它仍然被普遍報告為是值得的、稱心如意的和長期需要的。看見比看不見更好，即使是在看見傷痛時，也是如此。事實是這樣的，體驗的自我批准，自我證實的內在價值，使得痛苦成為值得的了。眾多的討論美學、宗教、創造性和愛的作者，同樣也把這種體驗不僅描繪成是有內在價值的，而且把它描繪成在另一方面也是有價值的，即由於它們的偶然出現使得生活成為值得的了。神祕主義者總是斷言，那種在一生中只能偶然兩、三次的、崇高的神祕體驗有重大的價值。

這種高峰經驗與正常生活體驗相對比，差異非常顯著，行為被認為是與達到目的的工具一致的。在許多作者那裡，「行為」這個詞和「工具性的行為」這個詞被看成是同義的，每件事情都是為某個未來的目的，也就是為了獲得某物而做的。在杜威（Dewey）的價值理論中，這種態度達到了登峰造極的地步。他認為，根本就沒有目的，只有達到目的的工具。甚至

這樣的表述也不是完全確切的，因為這裡還包含著有目的的意思。更確切的說，工具是達到其他工具的工具，而這個其他工具反過來也是工具，如此循環，以至無窮。

純真快樂的高峰經驗，即是我的研究對象的終極生活目標和生活的終極證明和證實。心理學家居然無視高峰經驗，甚至官僚氣味十足的沒有意識到它的存在，更糟的是客觀主義的心理學甚至先驗的否定它作為科學研究對象的可能性，這是難以理解的。

在我研究過的所有普通高峰經驗中，都有一種非常獨特的、在時間和空間上定向能力的喪失。確切的說，在這種時候，這個人在主觀上是在時間和空間之外的。例如，詩人和藝術家在創作的狂熱時候，他周圍的事物和時間的流逝對他絲毫沒有影響。當他「醒」過來要判斷過去了多長時間時，幾乎不能做到，通常他只好搖搖他的頭，彷彿剛剛從茫茫然中甦醒，弄不清楚自己身處何方。

但是，更經常的是，完全忽略了時間的流逝，熱戀中的人尤其如此。在他們的迷戀中，不僅感到時間過得驚人的快，一天可能像一分鐘似的過去，而且形成強烈印象的每一分鐘生活也可能像一天甚至一年那樣長。在一定程度上說，彷彿他們是在另一種世界上生活。在那裡，時間既是靜止不動的，又是以光的速度運動的。對於我們的日常範疇來說，這當然是矛盾的和荒謬的。然而，研究對象的報告確實是這樣的。因此，這是我們必須重視的事實。我看沒有理由說，這種時間的體驗可能經不起實驗研究的檢驗。在高峰經驗中對於時間流逝的判斷，必然是非常不準確的。同樣，對於周圍事物的覺知，與在常規生活中相比，也必然是極不準確的。

從價值心理學的涵義的角度考慮，我的發現是極其令人困惑的，然而

又是如此始終一致的，因此，不僅有必要報告這些發現，而且需要有所理解。讓我們首先從末尾開始，高峰經驗僅僅是善的、合乎需求的，而且從來沒有被體驗為惡的和不合乎需求的。這種體驗本質上就是正當的；這種體驗是完美的、全面的，而且不需要任何其他東西作為補充，它本身就是充分的。從本質上看，它被認為是必然的和不可避免的，它正像它應該成為的那樣，對它的反應是敬畏、驚奇、詫異、謙卑，甚至崇敬、得意和虔誠。神聖這個詞偶爾也被用來描繪人對高峰經驗的反應。在存在的意義上而言，它是快樂和歡欣的。

在這裡，哲學的蘊涵是驚人的。如果為了辯論，我們承認在高峰經驗時可以更清楚的看到現實本身的性質，更深刻的看透現實的本質，那麼，這就和很多哲學家和神學家所說的幾乎沒什麼兩樣。他們斷言，當從其最佳狀態和崇高的觀點來看時，整個存在僅僅是中性的或善的，而邪惡、痛苦、威脅等只是一種局部現象，一種不看宇宙的完整和統一，只從自我中心的或過於卑劣的觀點來看它的產物。當然，與其說是否認邪惡、痛苦和死亡，倒不如說是與它們的一種和解，是對它們的必然性的一種理解。

另一種觀點是把高峰經驗與包含在許多宗教之中的「上帝」概念做比較。由於「上帝」能注視和包容整個存在，從而也就理解了它，因此，「上帝」必定把存在看成善的、恰當的、必然的，必定會把「邪惡」看成是局限的和自私的看法和理解的產物。從這個意義上講，假如我們能像神那樣，那麼，出於對普遍性的理解，我們也就不會一味的申斥或譴責、失望和震驚了。如果這一假設成為可能的話，對於別人的短處我們只會有憐憫、寬容、仁慈的情緒，或者也許還會有悲哀或存在性幽默的情緒了。毫無疑問，這恰恰是自我實現者時常對外界的反應形式，這恰恰是所有心理治療家在對他們的患者做出反應時所力求做到的方式。然而，我們必須承

認，達到這種像上帝般的、普遍寬恕的、存在性幽默的和認可存在的態度是極端困難的；甚至從純粹形態上看是不可達到的。可是，我們應該能意識到這是個相對性的問題，而且我們能夠或多或少的接近它。但如果因為它來得很少、很短暫、很不純粹，就簡單的否認這個現象，那將是愚蠢的。儘管我們永遠不會成為純粹意義上的「上帝」，可是，我們能夠或多或少的經常的像「上帝」那樣。

　　總之，這種存在認知與我們的日常認知和反應有很明顯的區別。我們的日常認知是在工具價值的支持下進行的，對於我們的目的是否有益、是否合乎需求、是好是壞的考慮下進行評價、控制、判斷、譴責或者讚許。例如，我們是為什麼而笑，或是跟著一起笑。我們從個人角度和經驗做判斷，我們是在與我們的自我和我們的目的的關聯中來察覺世界萬物的，因此，我們僅僅把世界萬物作為達到目的的工具來看待。這與超然於世界是對立的。反過來說，這就意味著我們並沒有真實的察覺世界，而只是在察覺世界中的我們自己或我們自己中的世界。這時，我們是以缺失性動機的方式感知的，因此，我們能察覺的只是世界萬物滿足缺失的價值。從這一點來講，二者是截然不同的。在高峰經驗中，我們作為世界萬物的代理人，察覺整個世界或它的遺產。只有那時，我們才能察覺世界萬物的價值，而不是我們自己的價值。這些價值我稱之為存在價值。這些存在價值類似於哈特曼的「內在價值」。

　　我可以列舉出來的這種存在價值有：

- 完整（統一；綜合；同一性傾向；互相關聯；簡單；組織性；結構性；超二歧式；秩序）。

- 完善（必然性；恰當性；合理性；不可避免；適宜；公正；完全；「應

當如此」)。

- 完成（結尾；終局；證實；某事做完了；實現；到達末端；命運；天數）。

- 正當（公平；條理；有規律；「應當如此」）。

- 有活力（進行中；不死性；自發性；自我調節；充滿活力）。

- 豐富性（分化；複合；錯綜）。

- 單純（誠實；坦率；實質；抽象；必要；骨骼結構）。

- 美（正直；儀表；有生氣；單純；豐富；整體；完善；完成；獨特性；純正）。

- 善（正直；合乎需求；應當；公正；仁慈；忠誠）。

- 獨特性（特質；個體性；不可比性；新穎）。

- 不費力（自如；沒有緊張；沒有努力或困難；文雅；完美；優美的活動）。

- 樂趣（高興；快樂；興致；生氣勃勃；幽默；興奮；不費力）。

- 真實；純正；現實（赤裸裸；單純；豐富；應當；美；無瑕；清潔和道地；完全；實質性）。

- 自足（自主；獨立；為了成為自我不需要自身之外的他物；自我決定；超越環境；單獨；按著自發的規律生活）。

顯然，這些存在價值並不是相互排斥的，它們不是彼此分離或性質截然不同的，而是混在一起或相互涵蓋的。最終，它們是存在的各個側面，而不是它的各個部分。這些各式各樣的側面，暴露了它們的作用，都會進入認知的前景。例如，感知優美的人或美的繪畫，體驗完美無瑕的性感和愛情，頓悟，創造性，生產（分娩）等等。

這種存在價值的完美程度還不僅如此。古老的真、善、美三位一體，

表現了融合和統一，但是，存在價值要比這個多得多。在我們制度下的一個普通人身上，真、善、美僅僅是達到了還算好的相互關聯；而在精神病病人身上，甚至這樣的程度也沒有達到。存在價值的統一只存在於發展了的和成熟了的人身上，也就是說，只在自我實現的、充分發揮作用的人身上存在這種高度融合。因為種種實踐的目的已經高度相連起來了，也可以說它們融合成了一個整體。現在，我要進一步說，其他人在他們的高峰經驗的時刻的實際情況也是這樣的。

如果這個發現被證明是正確的，那麼，它們就會與一個指引一切科學的基本公理發生直接的矛盾，換句話說，知覺越是客觀和不受個人影響，它也就越超然於價值。事實和價值幾乎總是被看作反義詞和相互排斥的。但或許相反的情況才是正確的，因為當我們審查最背離自我、最客觀、最無動機、最被動的認知時，我們卻發現這種認知要求直接覺察價值，價值不可能和現實割裂，對「事實」最深刻的覺知將導致「是」和「應當」的熔合。在這種時候，現實染上了驚奇、讚美、敬畏和滿意的色彩，即染上了價值色彩。

常規的體驗嵌在歷史和文化中，也嵌在人的轉變著的、相對的需求中。它是按照時間和空間的方式組織起來的，它是更大整體的組成部分。因此，對這些更大整體和參照系來說，它是相對的。因為不論實際情況如何，這種常規體驗都被認為是依存於人的，如果人消失了，它也就會消失，所以，組織的參照系就從人的興趣轉移到環境的要求方面；就從現在轉移到過去和將來，從這裡轉移到那裡。在這個意義上說，體驗和行為是相對的。

從這個角度思考，高峰經驗就有較多的絕對性和較少的相對性。從我前面指出過的意義上看，它們不僅是沒有時間和空間的；不僅是脫離背景

而更多的以它們自身被感知的；不僅是相對非激發的、超越人的私利的。而且，我們對它們的感知和反應，它們彷彿是在自身之中，是在我們「之外的某處」，彷彿它們是我們對於一種不依賴於人的現實的覺知，而這種覺知是超越人的生命長久存在的。在科學上談論相對和絕對肯定是困難的和危險的。而且我意識到，這是一個語義學上的泥潭。然而，我的研究對象談到這種區別的許多內省報告降服了我，正如我們的心理學家最終會同意我們的看法那樣。研究對象在描述那些本質上不可言喻的體驗時，他們使用了「絕對的」、「相對的」這些詞。

我們自己也一再對這些詞發生興趣。例如，在藝術領域中，中國花瓶本身可能是完美的，同時可能是兩千多年前的老古董，然而在這個時候是新的，是全世界的而不只是中國的，從這些感覺思考，至少是絕對的。但是，對於時間、它原初的文化以及持有者的美學標準來說，同時又是相對的。各種宗教、各個時代、各種文化的人們幾乎用同樣的詞進行描繪神祕的體驗，這也不是沒有意義的。毫無怪異之處，赫胥黎把它稱作「持續不絕的哲學」。偉大的創造者，如被編入選集的那些人，儘管他們是各式各樣的詩人、化學家、雕塑家、哲學家和數學家等，幾乎都用同樣的術語描繪他們的創造時刻。

絕對這個概念在一定程度上造成理解的困難是由於它幾乎總是被靜態的汙點滲透。從我的研究對象的體驗來看，這一點現在已經清楚了，靜態並不是必然的或不可避免的。感知一個美的東西、可愛的面孔或美好的理論，是一個波動的、轉移的過程，但是，注意的起伏嚴格的限制在這個知覺之內。它豐富的內容可以是無限的，注視的角度可以從一個方面轉到另一個方面，此刻集中注意它的這個方面，隨後集中注意它的那個方面。一幅美的繪畫有許多結構，而不僅是一個結構，因此，由於觀看不同的方面

就能夠不斷的有波動的快樂。我們沒有必要在它究竟是絕對的還是相對的問題上進行搏鬥，它可能是二者兼有。

平常的認知是非常積極的過程，其特點是，它是認知者的一種塑造和選擇。他選擇他要感知的東西和不要感知的東西，他把它們與他的需求、畏懼和興趣相連起來，他給予它們結構，整理它們，進一步整理它們。總之，他在它們上面做工作。認知是消耗精力的過程，它包含警覺、戒備和緊張，因此，它是使人疲勞的。

存在認知與平常認知相比要被動得多，接受性更多。自然，它永遠不可能完全被動、完全接受。我發現，東方的哲學家對於這種「被動認知」的描述是最好的，特別是來自老子和道教哲學家。克里希那穆提（Krishnamurti）對我的資料有一個極好的描述，他把它稱之為「沒有選擇的覺知」。我們也可以稱它為「沒有欲求的覺知」。道教「聽其自然」的概念也說的是我力圖去說的東西，即知覺可能是無所求的，而不是有所求的；是沉思的，而不是強求的。它在體驗面前可能是恭順的、不干預的、接受的，而不是強取的，它能讓知覺成為其自身。在這裡，我想起了佛洛伊德對「自由飄浮的注意」的描繪。而且，這種知覺是被動的而不是主動的，是無自我的而不是自我為中心的，是輕鬆的而不是警惕的，是容忍的而不是不容忍的。它對體驗是注視而不是打量它，或向它投降和屈從。

我也發現，區分被動的聽和主動的聽之間的差異是有意義的。優秀的治療家以便能夠聽到實際說的是什麼，而不是聽到他期望聽到的或他要求聽到的東西，必須能在接受的意義上而不是獲取的意義上。他必須不對自己施加影響，而是讓話自然的流到他的耳朵中來。只有如此，他的定形和模式才能是吸收性的，不然，他就只能聽到他自己的理論和預期。

實際上我們可以說，劃分任何學派優秀的和蹩腳的治療家的標準，就是能否成為接受的和被動的。好的治療家能夠根據每一個人自己鮮明的實際情況感知他們，而並不強求類化、成規化和分等級。蹩腳的治療家只能在一生的醫療經驗中發現從他的事業開始所學到的那些理論的重複確證。這個情況顯示，一個治療家可能在 40 年間重複同樣的錯誤，隨後又說這「豐富了醫療經驗」。

傳送這種獨特的存在認知感，可以有一種完全不同的，雖然也是同樣古老的方式，就是把它稱為非意志的而不是有意志作用的，像勞倫斯（Lawrence）和其他浪漫主義者所說的那樣。普通認知是高度注意的，所以是有所求的、預定的、先入為主的。在高峰經驗的認知中，意志沒有干預，它被暫時抑制了，所以是接受而不是要求。對於我們來說，我們不能指揮高峰經驗，它是偶然發生的事情。

高峰經驗時的情緒反應具有特殊的驚異、敬畏、崇敬、謙卑、降服的色彩，在這種體驗面前就好像在某種偉大事物面前一樣。有時，這種體驗有點害怕會被壓倒，雖然是愉快的畏懼。我的研究對象用這樣一些短語表達這一點，「這對我來說太多了」，「它超過了我的承受能力」，「這太驚人了」等等。高峰經驗可能具有某種辛辣和尖刻的特質，這種特質可以引起流淚和大笑，或者二者都出現。反之，高峰經驗也可能近似於痛苦，儘管這是一種稱心如意的、通常被描述成「甜的」痛苦。這種高峰經驗可以走到如此遙遠的程度，能以一種罕見的方式包含了死亡觀念。不僅是我的研究對象，而且許多討論各種高峰經驗的作者，都把這種體驗和死的體驗，即一種渴望的死亡進行比較。典型的措詞可能是：「這簡直太奇妙了，我不知道我怎麼能夠承受得了。我可以現在就死，那也很值得。」也許在一定程度上，這是想緊緊抓住這種高峰經驗，不願從這個頂峰返回到普通生

活的深谷的緣故；也許在一定程度上，這是在高峰經驗的偉大面前極度謙卑和深感自身渺小和無價值的一種表現。

在這上面我還必須處理另一種矛盾現象，雖然這很困難。在觀察世界方面相互牴觸的報告中，這個矛盾被發現了。在一些報告中，特別是關於神祕體驗、宗教體驗、哲理體驗的報告中，整個世界被看作是統一體，像一個有生命的豐富多彩的實體那樣。在其他高峰經驗中，尤其是在戀愛體驗和美感體驗中，世界中一個很小的部分這時卻被感知為似乎它就是整個世界。在這兩種情況下，知覺都是統一的。對一幅畫、一個人或一個理論的存在認知，擁有屬於整個存在的一切屬性，即擁有存在價值，這個事實很可能是由另一個事實派生出來的，即在高峰經驗中，彷彿這個體驗就是那時存在著的一切。

抽象的、類化的認知與具體的、樸素的、特殊東西的鮮明認知，有著實質性的差異。這就是我使用抽象的和具體的這些術語的意思。從戈德斯坦的術語來看，它們是極為不同的。我們的大多數認知（注意的、感知的、記憶的、思維的和學習的）是抽象的而不是具體的。這就是說，在我們的認知生活中，我們主要的是進行類化、圖式化、分類和抽象。我們並沒有按著世界萬物實際存在的樣子來認知世界萬物的本性，我們的大多數體驗都經過了我們的範疇、結構和成規體系的過濾。我把這個差異用於研究自我實現的人，在他們身上發現，既有不拋棄具體性的抽象能力，又有不拋棄抽象性的具體化能力。這樣，就在戈德斯坦的描述上增添了一點新東西，因為我不僅發現向具體東西的縮減，而且我也發現向抽象東西的縮減，即降低了認知具體東西的東西。從那時以來，我已在優秀的藝術家和診療家身上發現察覺具體東西的這種特殊能力，儘管他們並不是自我實現者。我在普通人的高峰經驗時刻發現了同樣的特殊能力。這時在具體的、

特異的性質上講，他們都能掌握知覺對象。

因為這種獨特的具體覺知通常被描繪成是審美感知的核心，所以它們幾乎已經成了同義語。對於大多數哲學家和藝術家來說，按著這個人內在的獨特性具體的感知他，就是審美的感知他。我更喜歡這個更廣泛的習慣用法，而且我認為我已經證實，這種關於對象獨特本性的知覺是一切高峰經驗的特徵，而不只是美的高峰經驗的特徵。

把發生在存在認知時的具體感知理解為一種同時或連續的對相關對象的一切方面和一切屬性的感知，這是有益的。從實質上來講，抽象就是只選擇出對象的某些方面，即那些對我們有益的方面，那些對我們有威脅的方面，那些我們熟悉的方面，那些符合我們語言範疇的方面。抽象，即使它們是有益的，但它們仍然是不真實的。總之，抽象的察覺一個對象並不意味著察覺到了它的一切方面。抽象顯然包含挑選某些特性，而拒絕其他特性，並創造或者歪曲其餘的特性，我們把它製造成為我們所希望的那個樣子。我們創造它，我們製造它。而且，在抽象中把對象的各個方面與我們的語言體系相連起來的強烈傾向是極端重要的。這個傾向造成了特殊的麻煩，因為按照佛洛伊德的觀點，語言是二級過程而不是原初過程，因為它論述的是外部現實而不是精神的現實，是有意識的而不是無意識的。實際上，在詩人的語言和狂人的語言上，這個不足可能在一定程度上得到矯正了。但是，在許多體驗的最終分析上是不能用語言表達的，而且可能被投入根本沒有語言的狀態。

讓我舉感知一幅畫或一個人為例。為了完善的認知它們，我們必須跟我們的分類、比較、評價、需求和使用的傾向做抗爭。當我們說這個人是一名外國人時，我們就已經給他歸了類，完成了一個抽象動作，而且在一定程度上，把他看成是獨特的人和完整的人的可能性就已被排除了，他已

不再是不同於世界上任何別人的人了。在我們看牆上的一幅畫並讀出畫家名字的時候，按照這幅畫的獨特性以完全新穎的眼光看它的可能性就被輕易的排除。在一定程度上，我們稱之為認識的事情，即把一個經驗放在概念、詞或連結系統中去時，就排除了完全認知的可能性。有人指出，兒童有「天真的眼睛」，有看某種東西彷彿他是第一次看它的能力（他的確經常是第一次看它）；他能以驚異的目光凝視它，考察它的各個方面，接受它的全部屬性，因為對於在這種情境中的兒童來說，陌生對象的一種屬性並不比任何其他屬性更重要。他並不組織它，他只是凝視它，體會這個經驗的特性。在類似的情況下，對於成人來說，只要我們能夠阻止抽象、命名、分類、比較和連結，我們就能越來越多的看到人和繪畫的更多的方面。我們特別應當強調察覺不可言喻的、不能翻譯成詞的東西的那種能力。努力把這種東西翻譯成詞就改變了它，使它成了某種非它的其他東西，成了某種像它的其他東西，成了某種類似它然而與它本身不同的東西。

這就是越出局部而感知整體的能力，這種能力是各種高峰經驗時認知的特性。只有如此，我們才能在人這個詞的最完整的意義上了解人。自我實現者在他們感知人時，在他們洞察一個人的核心和本質時是如此高度敏銳，這沒有什麼可奇怪的。這也是我確信這一點的原因，即理想的治療家，大概是由於專業的需求，他應該能在沒有預先假定的情況下，從另一個人的獨特性和整體性上，至少是從這個人是一個還算健康的人的角度來理解他。我堅持這一點，儘管我願意承認在這種知覺狀態中有未加說明的個體差異。願意承認治療經驗自身也能成為一種存在認知訓練，即真正理解另一個人的訓練。這也說明，為什麼我認為一種審美認知和創造能夠成為診療訓練的非常合乎需求的一個方面。

在人更高的成熟水準上，二歧式被融合了，兩極被超越了，衝突被消除了。自我實現者既是自私的又是無私的，既是狂歡的又是具有古典美的，既是與別人融合在一起的又是與別人分離的，既是理性的又是非理性的等等。我曾設想過的那個線性的、它的兩極彼此相反和盡可能分離的連續統一體，已證明更像是圓圈和螺旋，在這裡，兩個極端匯合在一起，成為一個融合的統一體。在完美的認知客體時，我也同樣發現了這種強烈的傾向。我們對於存在的整體理解得越多，我們也就越能容忍和知覺不一致、對立、直接牴觸的同時存在。這些對立看來是不完全認知的產物，隨著對整體的認知，它們就消失了。從完美的優勢地位察看神經病人時，就能把他看成是一個奇妙的、複合的、甚至是美麗的過程的統一體。我們平常看成是衝突、矛盾和沒有關聯的東西，這時就會被理解為是不可避免的、必然的、甚至是命中注定的東西。換句話說，如果任何東西能夠被充分的理解，那麼，它就會進入其必然的位置，而它就能被審美的感知和鑑賞，甚至疾病和健康的概念也可以融合起來而變得界線不清。如果我們把症狀看作是朝向健康的壓力，或把精神病看作是此時對個人問題最有利於健康的解決，就會出現這樣的變化。

處在高峰經驗時刻上的人，不僅在上面我提到的那些意義上是像聖賢那樣的人，而且在某些其他方面也是一樣的，特別是在完全的、熱愛的、同情的、以及自娛的認可世界萬物和人的方面更是如此。儘管在日常生活中他可能顯得不盡如人意。神學家在不可能完成的課題上曾進行過長期的奮鬥。也就是說，神學家把世界上的罪孽、邪惡、痛苦和全能、全愛、全知等概念結合起來，花費的時間絕不是幾個小時或幾天。一個附帶的困難是試圖把獎善懲惡的必要性和這種愛一切人、寬恕一切行為的概念協調起來作為一項任務造成的。他必須以某種方式，既懲罰而又不懲罰，既寬恕

229

而又譴責。

　　我認為從研究自我實現者對這個二難推理的自然主義解決中，從所討論的兩個廣泛不同的認知類型 —— 存在認知和缺失認知的比較中，我們可以學到某種東西。存在知覺通常是暫時性的東西，它是一個頂峰、一個制高點、一個間或達到的成就。看來，人在大多數場合是以缺失方式感知的，也就是說，他們比較，他們判斷，他們批准，他們使用，他們連結。這就意味著，我們能夠在兩種不同的方式，兩者挑一的感知另一個人；有時以他存在的方式，彷彿他眼下是宇宙的整體；然而更為經常的，則是我們把他感知為宇宙的一部分，而且用許多複雜方法把他與宇宙的其餘部分相連起來。當我們存在的感知他時，這時我們可以是博愛的、完全寬恕的、完全認可的、完全羨慕的、完全理解的、以存在自娛的、愛好自娛的。但這些恰恰是指定給上帝概念的屬性（娛樂除外 —— 在大多數上帝概念中，不可思議的缺少這個特質）。在這樣的時刻，在這些特質上，我們就像偉人似的。例如，在治療的情境中，我們可以用這種熱愛的、理解的、認可的、寬恕的方式，把我們自己與各種這樣的人相連起來，而這些人我們平常是畏懼的、譴責的、甚至是憎恨的，如謀殺犯、雞姦犯、強姦犯、剝削者、懦夫等等。所有的人都不時的表現出似乎他們都希望成為存在認知的人，他們對於成為被分類的、類化的、成規化的人是不滿意的。把人標上侍者、警察或「夫人」的標記而不是把他看作一個個體，通常是觸怒人的。我們全都希望我們的成熟性、複雜性、豐富性受到賞識和認可。如果這樣的認可者在人世間不可能找到，那麼就會出現非常強烈的投射傾向，並且會創造一個上帝的形象，有時是一個人的形象，有時則是超自然的形象。

　　對「邪惡」問題的另一種答案以這樣的方式提出來了，即我們的被試

依據現實本身的存在，按照現實本身的權力「承認現實」。現實本身是非人格的，它既不是為了人，也不是反對人。毀滅性大地震僅僅對於某種人才提出了一個調和的問題，這種人需要一個人格高尚的榜樣，他既是博愛的，同時又是一本正經的、全能的，並且是創造世界的。對於能夠自然的、非人格的和作為永存的東西感知和承認地震的人來說，地震是沒有倫理或公理問題的，因為它並不是為了打擾他而爆發的。如果罪惡以人為中心下定義的話，那麼他也只是像他承認季節和風暴那樣來承認地震。從原則上說，在洪水猛獸殺傷人之前，讚賞它們的美，甚至認為它們是有趣的，這是可能的。當然，如果在有損於人的人類活動方面採取這樣的態度，那麼就不是很容易了。但是，這有時也是可能的，而且人越成熟，這種可能性也就越大。

在高峰經驗時刻，知覺強烈的傾向於獨特的和非類化的。無論是對一個人的，還是對世界的，無論是對一棵樹的，還是對一件藝術品的，所有的知覺都傾向於被看作是獨特的事例，看作是它的類別中的獨特成員。這與我們日常根據法規掌握世界的方法是對立的。實質上，日常的方法是停留在一般化上，停留在亞里斯多德式的 —— 把世界萬物分成各種類別上。對於類來說，對象只是實例和樣品。整個類概念依靠一般的分類，如果沒有類別，相似、相等、類似和差異的概念就會變得毫無意義和作用。我們不能比較兩個完全沒有共同性的對象，而且對於具有某種共同性的兩個東西來說，例如具有紅、圓、重等這樣的共同性質，必然意味著抽象。但是，如果我們不是抽象的感知一個人，如果我們堅決要求一起察覺他的一切屬性，並且認為這些屬性彼此之間是相互需要的，那麼我們就不再有可能分類。從這種觀點來看，每一個人，每一幅畫，每一隻鳥，每一朵花，都會變成類的獨特成員，因此必須獨特的感知。這種心甘情願的察看

對象的一切方面，意味著知覺的更大效力。

　　高峰經驗的一個方面是完全沒有畏懼、焦慮、壓抑、防禦和控制，拋棄了克制、阻止和管束，儘管這是暫時的。崩潰和消亡的畏懼，被「本能」壓倒的畏懼，死亡和精神錯亂的畏懼，以及害怕產生放縱性愉快情緒等等，暫時都傾向於消失或中止了。這就更大的解放了被畏懼弄得不正常的知覺了。

　　這一點可能被看作是純粹的滿足，純粹的表現，純粹的得意洋洋和快樂。但是，因為它「到底」了，所以它展現了佛洛伊德的「快樂原則」和「現實原則」的熔合。因此，這仍然是在心理機能的高階程度上解決普通二歧式概念的又一實例。

　　因此，在共同具備這種體驗的人那裡，可以預期某種「滲透性」，一種對無意識的靠攏和開放，一種對無意識的相對的無畏懼。

　　在這些各式各樣的高峰經驗中，我們已經看到，人傾向於成為更一體化、更個體化、更自發、更表現、更安詳、更勇敢、更強有力等等。

　　但是，這些全都是類似的，或者幾乎是一樣的。在這裡似乎是一種內部和外部的、動態的平行性或同型性。換個方式說，這個人感知到了世界的本質存在，這樣，他也就同時更接近了他自己的存在（他自己的完善，更完善的成為他自己）。這個相互作用的後果看來在兩個方向上。不過由於某些原因，卻使他更接近了他自己的存在或完成，因此，也使他更容易看到世界的存在價值。由於他變得更統一了，他也更有可能看到世界更多的統一性。由於他懂得存在性歡樂，因此使他更能看到世界的存在性歡樂。由於他變得更強大了，因此，他更能看到世界的強大力量。這個造成了那個的更大可能性，正如壓抑使世界顯得更不好一樣，反之則亦然。他

和世界變得更相像了，因為二者都在向著盡善盡美運動，或者說，二者都在向著失去盡善盡美的方向運動。

也許，這就是愛者熔合所表示的部分意思。在宇宙的體驗中，與宇宙相稱的一個人，感到成了這個統一體要素的一個人，以強大的哲學洞察力進行感知。也有一些（不充分）相關的資料指出，一些形容「優秀繪畫」結構的特質也能用來描繪優秀的人，如存在價值的整體性、獨特性、生氣勃勃等等。顯然，這是可以檢驗的。

如果現在我試圖把這一切放到另一種許多人都熟悉的心理分析參照系統中去，那對一些讀者是有幫助的。處理無意識和潛意識之外的現實世界是二級過程的任務。邏輯、科學、常識、良好順應、文化適應、責任心、規則、理性主義等，全都是二級過程的方法。原初過程最初是在精神病和精神病患者身上，隨後是在兒童身上，只有在健康的人身上才發現。在夢中可以很清楚的看到無意識活動的規律。欲望和畏懼是佛洛伊德機制的原動力。順應良好的、負責的、有常識的人，在現實世界上生活很好的人，他們做到這些，通常必須在一定程度上返回他們反對、否定和壓抑他們的無意識和潛意識上去。

我曾強烈的意識到，我們必須面對我選出的自我實現被測試者的實際情況。因為他們既是非常成熟的，同時又是很孩子氣的。我稱它為「健康的兒童性」或「第二次天真」。自我心理學家的「復歸到自我的幫助」，不僅在健康人身上發現了，而且最後被認為是心理健康的必需品。愛也已經被認為是復歸（即不能倒退的人就不可能愛）。最後，分析學家贊成靈感和重大的（基本的）創造部分的出自無意識，即一種健康的倒退（復歸人一種暫時離開現實世界的向後轉）。

在這裡我所描述的東西可以看作是一種自我、超自我和自我理想的熔合，意識、潛意識和無意識的熔合，原初過程和二級過程的熔合，一種快樂原則和現實原則的綜合，一種在最高成熟性幫助下無畏懼的健康的倒退，一種在所有程度上個人的真正整合。

成為心理健康的覺察者

在任何高峰經驗時，任何人都暫時具有了我在自我實現個體中發現的許多特徵。換句話說，這時他們變成了自我實現的人。如果我們願意的話，我們可以認為這是一時的性格上的變化，而不僅僅是情緒與認知的表現狀態。在這時，不僅是他最快樂和最激動的時刻，而且也是他最成熟、最個體化、最完美的時刻 —— 簡而言之，是他各個方面最健康的時刻。

這樣，為了使它較少具有那種只有極少數人直到 60 歲才能進入的、有點全或無的神殿意味，我們就可能消除自我實現的靜力學和類型學的缺點，來給它重新下定義。我們可以把自我實現定義為一種插曲或一種迸發，在這種迸發中，這人的能力以特別有效的和劇烈快樂的方式一起到來了，這時，便是更多整合而較少割裂的，對體驗是更坦率的，更有特異性的，更完全表現或自發的，或充分運行的，更有創造性的，更幽默的，更超越自我的，更獨立於他的低階需求的等等。在這些插曲中，他更真正的成了他自己，更完善的實現了他的潛能，更接近他的存在核心，成了更完善的人。

從理論上說，在任何人一生的任何時刻，這樣的狀態和插曲都可以到來。因此，區分出我稱之為自我實現的人的東西，是在他們身上這些插曲比普通人來得要頻繁得多，而且強烈得多，完善得多。這樣，就使得自我

實現成了程度的問題、頻率的問題，而不是全有和全無的問題，因而使它能夠承受通用的研究程序的檢驗。我們不必再局限於研究那些在大多數場合實現了他們的自我的那些極端研究對象了。至少在理論上說，我們也可以研究任何人的生活史了，特別是那些藝術家、知識分子和其他有特殊創造力的人的，虔誠信教的人的，以及在心理治療或其他重要成長經歷中體驗過重大頓悟的人的生活史了，以便更清楚的研究自我實現。

我描述主觀的體驗幾乎都是運用經驗主義的方式。它對外部世界的關係完全是另一種情況，僅憑覺察者自己相信他更真實的、更完整的覺知了，並不是他確實達到這一步的證明。判斷這個信念的效度的標準，存在於被察覺的對象或人身上，或者存在於所創造的產物上。因此，從原則上看，它們只是相關研究的簡單問題。

可是，把藝術說成知識是在什麼角度考慮的呢？審美知覺肯定有其內在的自我證實，它被認為是一種寶貴的和奇妙的體驗。但是，一些幻想和幻覺也具有同樣的情形。此外，你可以被我不予理會的一幅畫激發起美感體驗。即使我們達到超越個人的境地，效度的客觀標準問題仍然是存在的，正如它在所有其他知覺問題方面也存在一樣。

對於愛的知覺、神祕的體驗、創造性的時刻、以及頓悟的閃現，同樣也可以這樣說。

相愛者在他所愛的人身上看到的東西，其他人是沒有看到的可能的，再者，對於他的內部體驗的內在價值，對於他、他所愛的人以及世界上的人的許多良好後果，是毋庸置疑的。假如我們舉一位母親疼愛嬰兒的例子，情況甚至就更明顯了。愛不僅使她覺察到了潛在性，而且也使它們現實化。沒有愛肯定會抑制潛力，甚至會扼殺潛力。個人的成長要求勇氣、

自信，甚至大膽；從雙親和夥伴那裡沒有得到愛，就會引起相反的後果，自我懷疑、焦慮、無價值感和怕受嘲笑等，所有這些都是成長和自我實現的抑制因素。

人格學的和心理治療的經驗是這種事實的證明，愛能促使潛力實現，不愛則使潛力無效，不論是否值得，結果都是如此。

在這裡，產生一個複雜而循環的問題：「在怎樣的程度上，這個現象才是自我實現的預兆呢？」正如默頓（Merton）所設想的，丈夫確信其妻子是漂亮的，妻子確信其丈夫是勇敢的，在一定程度上就創造出了美和勇氣。這與其說是對於已存在的事物的覺知，倒不如說是由於信念而導致存在。也許我們可以把這看作是知覺到潛在性的例子。因為每一個人都有成為美麗的和勇敢的可能性。如果是這樣的話，那麼這就與覺察某人可以成為偉大的小提琴家這種真實的可能性有所不同，因為後一種可能並不是普遍的可能性。

然而，除了存在這種複雜性之外，對於那些希望最終把這些問題拖到公開的科學領域中來的人來說，還有潛伏的懷疑存在。出現最普遍的情況是，愛給另一個人帶來幻覺，也就是說，愛可以使人感知到那種並不存在的特質和潛力，因此，這並不是真實的感知，而是持有者心中的創造。這種創造基於他一系列需求、壓抑、克制、投射和文飾。如果說愛比不愛更有洞察力的話，那麼也可以說它可能是更盲目的。不斷困擾我們的研究的是哪些問題呢？我們怎樣才能挑選出更敏銳的知覺真實世界的事例呢？我已經報告了我在人格學水準上的觀察，對這個問題的答案是：在於察覺者心理健康的變量，心理越是健康，就越能敏銳深入的知覺世界上所有其他東西。由於這個結論是無控制觀察的產物，所以，它應該僅僅作為一個有待控制研究的假設提出來。

一般來說，在藝術和智力的創造性迸發時，在頓悟的體驗中，我們都會碰上類似的問題。在這兩種情況下，體驗的外部有效性與現象學的自我證實並不是完全相關的。重大的頓悟有可能是錯誤的，偉大的愛會消失。在高峰經驗時創作的詩，可能後來由於不滿意只好拋棄。一個經得起檢驗的創作和一個後來在冷靜、客觀的批判審查下放棄的創作，在主觀上的感受是相同的。經常創作的人對於這一點是很清楚的，他們預見到，只有一半深刻頓悟的時刻還不宜動手創作。所有高峰經驗的感覺都像存在認知一樣，但並不是所有高峰經驗都真的如此。然而，我們不敢忽略這些明顯的暗示，即至少有時認知的更大清晰性和更高效能可以在更健康的人身上和更健康的時刻發現，也就是說，有些高峰經驗確實是存在認知。我以前指出過，如果自我實現的人能比其他人更有效的、更完善的和較少動機的汙染覺知現實，那麼我們就可以把他們作為生物學鑑定使用。透過他們的超乎尋常的感受和知覺，我們就能獲得比透過我們自己的眼睛獲得的更要好的現實情況的報告，正如金絲雀可在不太敏感的人之前嗅出礦井中的瓦斯一樣。與此相似的是，我們可以利用我們的最敏感的時刻，我們的高峰經驗。這時我們是自我實現的，所以給予我們的關於現實的報告比我們平時所能得到的要更真實。

　　我所描述的認知體驗不能代替常規懷疑論和謹慎的科學程序。雖然這些認知可能是富有成果的、敏銳的，而且完全承認它們可能是發現某些真理的最好方法或唯一方法，然而檢驗、選擇、否決、確定和（外部）證實的問題，在我們的頓悟閃現之後仍然繼續存在。不管怎樣，把二者放到對抗排他的關聯中是愚蠢的。現在這一點很明顯了，在大致相同的程度上，它們是相互需要和相互補充的，像邊疆居民和開拓者之間的關係一樣。

處理矛盾達到同一性

當我們探求同一性的定義時，我們必須記住，這些定義和概念並不是現已存在於某個隱蔽的場所正等待著我們發現。事實上，它們某部分確實需要我們發現，但另一部分卻需要我們自己創造出來。在一定程度上，同一性就是我們所說過的那種東西。當然，在這之前，我們應當注意到這個詞已有的各種意義。這樣，我們馬上就會發現，各式各樣的著作者是用這個詞說明各種不同的資料、各種不同的作用。隨後，我們就應從這些作用中找出某種東西，以便理解這個作者在使用這個詞時，他指的是什麼意思。對於形形色色的治療家、社會學家、自我心理學家、兒童心理學家來說，他們指的是某種不同的東西，儘管所有這些人說的也有某種類似的地方或重疊的意義。也許這個類似性就是同一性所表示的意思。

另外我有一種關於高峰經驗的想法。在這種體驗中，「同一性」有各種真實的、感覺得到的和實用的意義。但是，我沒有權利提出，這些就是同一性最恰當的意義，而且在這裡我們有另一種角度。我覺得，人們在高峰經驗時有他們最高程度的同一性，最接近他們真正的自我，最有特異性。因此可以說，在這裡，發明減少到了最低限度，而發現則成長到了最高限度。

顯然，對於讀者來說，下述所有「分離的」特性實際上根本不是分離的，而是以各式各樣的方式彼此關聯的，例如以詞的重疊方式表達同一個東西，而在隱喻上則包含相同的意思等等。我將以整體論的方式進行敘述，但不是透過把同一性分割成完全分離的、彼此排斥的各個部分，而是把它在手上翻過來倒過去的注視它的不同側面，或者說像一名鑑賞家注視一幅好畫那樣，一會看它的這個結構（作為一個整體），一會又看它的那

個結構。從某種意義上講，這裡所論述的每一個「方面」，可以認為在一定程度上也闡明著每一個其他「方面」。

人在高峰經驗時比在其他時候感覺是整合（一元化的、完整的、成套的）。對於觀察者而言，他在各個方面顯得是更整合的，如更少割裂或分裂，較少自己與自己對抗，更多的是和諧，自我體驗和自我觀察較少分裂，更多的是一個指向、結構協調、更有效的組織起來，它的所有成分彼此非常和諧的活動，是更合作的，至少內部摩擦非常少等等。

治療家對此特別感興趣，這不僅是由於整合是所有治療的一個主要目標，而且是由於迷人的問題包含在我們可以叫做「治療的分裂」中。要從頓悟中得到治療，有必要同時進行體驗和觀察。例如，完全陷入體驗而對觀察他的體驗不夠超然的精神病患者，是不能被這個體驗改善的，即使是他在隱蔽的無意識中已經得到糾正時也一樣。

但這也是實際情況，治療家必須在同等荒謬的程度上是分裂的，因為他必須既認可患者又不認可患者；即一方面他必須給予患者「無條件的積極關心」，為了理解疾病，他必須與他們同一，他必須把所有的批評和評價放在一邊，他必須體驗患者的世界觀，他必須以交朋友的方式與患者融合，他必須用寬宏的上帝愛世人般的愛來愛患者等等。

然而，在另一方面，他也有內含的不贊同、不認可、不同一。因為他力求改善患者，使他比一般情況更好，這就意味著要求他得到現在還沒有的某種東西。這些治療學上的分裂，顯然是多伊奇（Deutsch）和墨菲療法的基礎。

但是，這和雙重人格的問題一樣，治療的目的仍然是把它們熔合成一個不分裂的和諧的統一體，在患者和治療者雙方都一樣，我們也可以把這

說成是越來越變成一個純粹在體驗著的自我了，這時自我觀也許作為潛意識的可能性始終是有效的。在高峰經驗中，我們變成更純粹的在體驗著的自我了。

當他達到更純粹、更個別化的自我時，他也就更能夠與世界熔合在一起，與從前的非自我熔合在一起。也就是說，它將只對自己沒有壓抑、壓制、否認、抑制、有畏懼自己的高峰經驗的人有意義。但是，我認為這也可能對非高峰經驗者有意義，不過要說明這一點比較困難也太冗長。

例如，相愛者親密的構成一個單位而不是兩個人，同一論變得更有可能了；創作者與他正在創作的作品變成一個東西了；母親和孩子覺得是一個人了；鑑賞家變成音樂、繪畫和舞蹈了（或者它成了他）；天文家和星體一起出現在那裡（而不是中間隔開望遠鏡筒分別的出現）。

簡而言之，同一性、自主性、自我中心的最大成就是在有自身的同時也有超自身，一種在自我中心之上和之外的狀態。這時，人能變得相對的沒有自我。我認為，把它稱之為完全喪失自我意識、自我覺知、自我觀察，就能相當容易的傳達出來這個意思。這種自我意識我們日常都有，但是，我們覺得它低於任何專注、興趣、專心、發狂、「超越自我」，無論是在高峰經驗的高程度上，還是在對電影、小說、足球運動發生興趣這樣的低程度上，都會變得忘記了自我、自己較小的痛苦、自己的外表、自己的煩惱等等。實際上，總覺得超越自我是種愉快的狀態。

高峰經驗時的人一般都覺得他處在自己能力的頂峰，覺得能最好的和最完善的運用自己的全部智慧。用羅傑斯的漂亮措詞來說，他覺得他是「充分發揮作用的」。他覺得此時比其他時候更聰明、更敏感、更有才智、更強有力或更優美。他處在他的最佳狀態，他的和諧一致的狀態，他競技

狀態的巔峰。這一點不僅可以被主觀的感覺到，而且也能被觀察者看到。他不再在限制自己中、在自我戰鬥中消耗精力，體內不再有力量的角鬥。而在平常的情況下，我們只有一部分智慧用於活動，另一部分智慧則用在管束某些同樣的智慧上。現在，在高峰經驗的時刻，這種浪費沒有了，全部智慧都可以用於活動了。他變得像一條沒有水閘的河流，可以自由流淌了。

充分發揮作用還有另外一層含義，即當一個人處在他的最佳狀態時，活動變得不費力和容易了。在其他時候需要經過努力、緊張和奮鬥的事，現在覺得不須任何爭取、工作或勞動，就自然而然的完成了。與這一點緊密相連的是經常感覺優美並顯得優美。在任何事情進行得順利、得心應手、超速運行的時候，這種優美才會悄然出現，而且是和平穩、容易、不費力的充分發揮作用一起到來的。

從外表上看，這個人這時是鎮靜的、有把握的和正常的，似乎他確切的知道他正在做的事情，並且是全心全意的做這件事，沒有疑惑、含糊、猶豫或部分撤退。這是對於目標不是一問即過或輕輕的一擊，而是完全擊中的。偉大的體育家、藝術家、創造家、領導者和行政官員，當他們的活動處在他們的最佳狀態時，都顯示出這樣的行為特質。

雖然，這一點與以前各點相比，與同一性概念的關係較少，但是，我認為，它應當作為「成為一個真正的自我」的副現象包括在內。因為它是可供研究的足夠客觀和普遍的特徵。我認為，對於完全理解那種似神的快樂 —— 幽默、玩笑、憨態、嬉戲、大笑等，也需要它。我認為，這種特徵是同一性最高階的存在價值之一。

與其它時候相比，人在高峰經驗時更覺得他自己在他的活動和感知中

是負責的、主動的，是創造的中心。他覺得他自己更像一個原動力，更能自我決定而不是被引起的、被決定的、無助的、依賴的、被動的、軟弱的、受擺布的。他覺得自己是自己的老闆，是完全負責的，是完全隨意的，是自己命運的主人。他覺得自己比其它時候有更多的「自由意志」。

在旁觀者看來，他也是同樣的情況。例如，他變得果斷了，看起來更強有力，更專心致志，更善於嘲弄或壓倒對立面，更堅定的確信自己，能給別人留下這種印象 —— 企圖阻止他是徒勞的。而且，他似乎絲毫不懷疑他自己的價值，不懷疑他做自己決定的事情的能力。對於旁觀者來說，他顯得更值得信賴，更可靠，是一個更有利的打賭對象。在治療中，在成長中，在教育中，在婚姻生活中，發現這個偉大的時刻 —— 變得負責的時刻 —— 一般是可能的。

在高峰經驗時，他擺脫了價值感、自我承認、自愛、自尊的消極方面 —— 阻礙、抑制、謹慎、畏懼、懷疑、控制、保留、自我批評。這個特點不但是主觀現象，也是客觀現象，而且可以進一步從主客觀兩個方面描述。當然，這個特點不過是已經列出的特點和下面將要列出的那些特點的不同「側面」。

雖然，這些事件原則上是可檢驗的，因為這些事件在客觀上是力量和力量的搏鬥，而不是力量和力量的合作。

行動是更自發的、更表現的、更單純的（坦率的、天真的、誠實的、耿直的、真摯的、赤子般的、不矯柔造作的、不設防的、無抵禦的），更自然的（簡單的、從容的、不猶豫的、樸素的、篤實的、真誠的、在特定意義上原始的、直接的），更無控制和自由流露的（自動的、衝動的、反射式的、「本能的」、無拘束的、無自我意識的、無思想的、無意識的）。

真正同一性的這個側面是如此重要，有如此多的折光色彩，要描繪和傳達它是如此困難，我認為在下述不完全同義的詞中有重疊的意義：非故意的，自願的，自由的，非強迫的，不加思量的，不審慎的，魯莽的，無保留的，無抑制的，自我洩露的，坦白的，不掩飾的，開放的，不假裝的，不虛構的，直截了當的，無邪的，非人工的，無焦慮的，信賴的。在這裡我暫不談「良知」、直覺、存在認知問題。

　　在特定的意義上，他是更有「創造性的」。由於有更大自信且無懷疑，他的認知和行為就能夠以不干預的方式、道教的方式，或以格式塔心理學描述過的靈活方式，按照它內在的、「顯露出來的」條件（而不是根據自我中心、自我意識的條件），按照任務、責任（弗蘭克語）或由工作自身特質提出的條件，把自身塑造成有問題的或無問題的狀態。因此，他的認知和行為是更即興的、即席演奏的、臨時的、更不是由什麼事物引起的，是更突然的、新奇的、新鮮的、不陳舊的、不圓滑的、非出於教導的、非習慣性的。它也是較少準備的、較少規則的、較少設計的、較少預謀的、較少練習的、較少預想的。因此，這些認知和行為都是相對非尋求的、無欲念的、非需要的、無目的的、非追求的、「無動機的」、或無驅力的，因為這些認知和行為是自然發生的，是新創造的，而不由以前引起的。

　　從另一種角度思考，所有這一切還能夠描述為極端的唯一性、個體性或特異性。如果說所有人大致上都是彼此不同的，那麼，在高峰經驗時，他們有了更純粹的差別。如果說，人們在許多方面（在他們的角色上）是可以替換的，那麼在高峰經驗時角色就消失了，人們變得極少有互換性了。無論「獨特的自我」意味著什麼，以及它的起因是什麼，反正它在高峰經驗時總是更為獨特的。

　　從各種意義上來講，個人在高峰經驗時，最有此時此地感，最能擺脫

過去和未來，最全神貫注於體驗。例如，這時比其他任何時候都更能傾聽。由於他這時最少成規和預期，所以他能夠完全傾聽，而沒有被拖入以過去的情況為基礎的預期（過去情況不可能和現在情況完全一樣），也沒有被拖入以規劃將來為基礎的憂慮，這樣就意味著，只是把當前作為達到未來的工具，而不是把現在本身作為目的。而且，由於他這時超越了欲望，所以，他也無須依據畏懼、怨恨或希望形成任何生活的成規。另外，他也不需要憑藉比較此時此地有什麼東西和沒有什麼東西，才能做出評價。

　　高峰經驗時刻的人，成為一個更純粹精神的而較少世故的人。也就是說，在高峰經驗時，他的改變更多的是由內在精神的法規決定，而不是被非精神的現實法則決定。這聽起來似乎是矛盾的或者是荒謬的，然而並不矛盾。而且，即使是矛盾的也會得到公認，因為這具有某種意義。在既不干預自我也不干預「其他」的時候，對於「其他」的存在認知最有可能；尊重並熱愛自我和尊重並熱愛「其他」，二者相互容許、相互支持和相互加強。我之所以能夠最好的掌握非自我，靠的是非掌握，也就是依靠讓它成為它自己，任其自然，允許它按著它自己的、而不是按照我的規律生存。正如我成為最純粹的我自身的時候，我就從非我中解放了我自己，拒絕讓它控制我，拒絕按照它的規律生活，堅決要求按著我內在的規律生活一樣。這種情況產生的結果是，精神內（我）和精神外（其他）就不再是極端不同，肯定不再是真正對抗性的了。另外，也產生了這樣的結果，即兩套法則都變成令人快樂和感興趣的了，甚至它們二者能夠整合或溶匯在一起。

　　可以幫助讀者理解這個語言迷津的最好例子是兩人之間的存在愛關係。當然，任何其他高峰經驗也都可以作為範例。顯然，在這種理想交

往（我稱之為存在範疇的程度上，自由、獨立、掌握、不干預、信任、依靠、現實、別人、分離等詞，全都是在非常複雜、非常豐富的意義上使用的，在日常生活的缺乏、需求、要求、自我保存，以及二歧式、兩極性、分裂的缺失範疇中）中，這些意義是沒有的。

從理論上而言，強調不力求式無需求方面，並且把它作為我們正在研究的同一性的中心點。處於高峰經驗中的人透過某些途徑變得無動機或無驅力了，特別是從缺失性需求的角度來看，更是如此。在論述這個高峰經驗時，把最高、最可信賴的同一性描述為不力求的、無需求的、非希望的，即描述為超越了日常的需求和驅力的，也有類似的意思。他只是存在著。快樂已經達到，而這對於追求快樂來說，則意味著達到了暫時的目的。

已對自我實現的人做過類似的描述。現在，事事都是自願的、傾瀉式的、沒有意志的、不費力的、無目的的到來的。此時，他的行動不是為了體內平衡或降低需求，不是為了避免痛苦、不愉快或死亡，不是為將來進一步的目的，不是為了自身之外的任何其他目的，即他的行動是絕對的，而且沒有匱乏動機。此時，他的行為和體驗成了本質的東西，是自我證實的，是目的行為和目的體驗，而不是工具行為和工具體驗。

因為他們覺得沒有需求和要求，沒有缺失，不缺乏什麼東西，他們在各個方面都是滿足的，所以我把這個程度上的人叫做超絕的人。他們這種「崇高的」、「極佳的」、超凡的特點，特別是他們的這種行動，已被推斷出是以無所求為基礎的。我覺得，這些推論在理解人的這種活動上（他們當時的行動是無所求的）是很有啟發作用的。例如，我覺得它對於理解超凡的幽默和娛樂理論、厭煩理論、創造性理論等，都是很有啟發的。人的胚胎也是沒有要求的這種事實，是高階和低階易於混淆的根源。

在高峰經驗的時刻，他們通常傾向於成為詩一般的、神祕的和狂喜的表達和交流，似乎這是表現存在狀態的一種自然而然的語言。我只是在我的研究對象和我自己身上察覺到這種語言，因此，對於這一點談不了多少。同一性的言外之意是，真正的人正因為他是真正的人而可以變得更像詩人、藝術家、音樂家和先知。

一切高峰經驗都可以有效的理解為利維（Levy）的完滿動作，或格式塔心理學的閉合，或者賴希（Reich）的完全興奮型，或者完全的釋放、發洩、極點、高潮、盡善盡美、傾盡、完成等等。與此形成鮮明對照的是未完成課題的持續活動、部分表露的心情、內部不完全通暢的運動、沒有痛哭出來的悲哀、限食者的半飢餓狀態、永遠達不到完全整潔的廚房、有保留的性交、必須不表現出來的憤怒、得不到練習的運動員、牆上不可能改正的扭曲圖畫、不得不吞嚥的愚蠢、不稱職、不公平等等。從這些例子中，任何讀者都應該能從現象的邏輯中理解到完滿是多麼重要，以及為什麼這個觀點有助於增進對於非力求、整合、放鬆等等的理解。完滿被看作完善、公正、美，被看作是目的而不是工具。在某種程度上而言，自從外部世界和內部世界有了同型性和辯證關係（互為「因果」）的時候起，我們就接觸到美好的人和美好的世界怎樣彼此創造這個問題了。

同一性會受到怎樣的影響呢？在某種意義上說，真正的人本身很可能就是完善的和最終的；肯定他不時的體驗到了立體的定局、完滿和完美。最後，卻產生兩種不同的結果：達到顛峰的人能夠達到完全的同一性；而沒有達到巔峰的人必然總是保留有不完整的、缺失的、力求的某種東西，他生活在工具之中，而不是目的之中。如果這個相關被證明不是完全相關，那麼，我至少可以肯定，真實性和高峰經驗之間是正相關。

當我們考慮肉體的和精神的緊張以及持續不絕的不完全性時，它們

不但與安詳、平和、心理健康不相容，而且它們也可能與肉體健康不相容，這看起來是合乎道理的。而且，我們也有了理解這個迷惑人的發現的線索，即許多人報告，他們的高峰經驗似乎莫名其妙的近似（美妙的）死亡，似乎在最強烈的生活之中也具有與其矛盾的渴望或意願。也許，任何盡善盡美的完成或終結，在隱喻、神話或古語上就是死亡。

我極強烈的感覺到，某種愛開玩笑的心境是存在價值之一。一個最重要的理由是，它是高峰經驗時相當經常的報告，而且，研究者也可以從報告者的外部行為觀察到這一點。

描述這種存在性愛開玩笑是很不容易的，因為英語在這方面非常貧乏。一般來說，英語不能描繪「較高階的」主觀體驗。它具有廣闊無垠的或超凡的好脾氣的特質，當然是超越了任何敵意的性質。同樣，它可以容易的被稱之為幸福的快樂，興趣盎然或興高采烈。它具有由於豐富或過剩而溢出的性質（不是缺失性動機的）。在這種意義上說，存在主義對於人的渺小（軟弱）和偉大（強有力）都感興趣或者高興，而超越了統治和從屬的兩極性。它有某種凱旋性喜悅的性質，有時它可能也有寬慰的性質，它既是成熟的又是幼稚的。

在馬庫斯（Markus）和布朗（Brown）所描繪的意義上說，它是最終的、尤賽琴的、優美精神的、超然的，它也可以稱之為是尼采哲學的。

作為規定的要素，它內在的包含有從容、不費力、優美、好運氣、擺脫抑制的寬慰、約束與懷疑，和存在認知在一起的樂趣，它超越了自我中心和工具中心，它超越了時間、空間、歷史和地域的觀念。

在談論它時，所用的方法和談論美、愛、創造性智力一樣，使用整體性法則。這是在這種意義上說的，它是二歧式的解決者，解決了許多難以

解決的問題。它是人的處境的一種良好解決途徑，它教給我們一種解決問題的好方法，這就是對問題本身感興趣。它能夠使我們既生活在缺失王國裡，又生活在存在王國裡，既是唐吉訶德（Don Quixote），又是桑丘·潘薩（Sancho Panza），像塞凡提斯（Cervantes）那樣。

　　人們在高峰經驗的時刻，以及在這之後，特別的覺得幸運、僥倖、恩遇。一個並非罕見的反應是：「這不是我應該得到的。」高峰經驗不是由設計安排帶來的，它們是偶然發生的。我「被」快樂驚呆了，而最為直覺的是驚愕、出乎意料、愜意的「認知震動」。

　　感恩感是一個普遍而獨特的結果。信教的人是對他信仰的神感恩，其他人是對命運、對大自然、對人、對歷史、對父母、對宇宙、對可能有助於造成這個奇蹟的任何東西感恩。感恩可能轉化為禮拜，表示感謝、崇拜，給予讚揚、供奉，以及其他某些很容易成為宗教格局的反應。顯然，任何宗教心理學，無論是超自然的還是自然的，都必定考慮這些事件，此外，也必定重視宗教自然主義起源論。

　　這種感恩感非常普遍的表現為或者引導到對每一個人或每一件事的包容一切的愛，覺得世界是美好的。這種感恩感或者是為世界做某種好事的衝動，經常引起一種報答的渴望，甚至會引起一種責任感。

　　對於我們所描述的自我實現的人或真正的人的謙卑和驕傲，完全可能有理論上的連結。無論是敬畏的人，還是感激的人，幸運的人對他的好運氣都很難充分信任。他必然向他自己提出這樣的問題：「我配得到這種幸運嗎？」這些人透過把驕傲和謙卑溶合為一個複合的、超級的統一體，即透過成為在一定意義上的自豪和恭順來解決它們之間的二歧式。驕傲並不是傲慢或偏執狂，而是帶有驕傲色彩的謙卑。若不二歧化它們，它們絕不

會病態化。存在性感恩能夠使我們把英雄和謙卑整合到一個外殼之內。

　　強調一個我已經論述過的主要矛盾，即使我們並不理解這個矛盾，但我們必須處理它。同一性、自我實現、自主、個別化、荷妮的真正自我、真實性的目標，看來既是一個終極目標，又是一個過渡性目標 —— 過渡的儀式、通向超同一性道路上的一步。這似乎就是說，它的功能就是消滅它自身。從其他方面來說，如果我們的目標是東方式的 —— 超越自我和消除自我、忘掉自我意識和自我觀察，與世界溶合並與它同化，那麼，多數人達到這個目標的最好途徑，就是經由完成同一性，經由完成一個堅強的真正的自我，以及經由基本需求的滿足，而不是透過禁欲主義。

　　在高峰經驗時刻，我的年輕的研究對象傾向於報告的兩種肉體反應：一是激動和高度緊張、覺得發狂，喜歡奔上奔下，喜歡高聲呼喊；另一個反應是放鬆、平和、從容、寧靜感。例如，美妙的性體驗、美感體驗，創造狂熱之後，兩種反應都是可能有的；或者是繼續高度的激動，不能入睡，不想去睡，甚至沒有食慾、便祕等等；或者完全的放鬆，遲鈍，深深的睡眠等等。也許這一點與這個理論有某些關聯，但我卻不清楚其中的意思。

理解而非「歸類」

　　在佛洛伊德的概念體系中，抗拒與壓抑的保持有關。但是，斯坎特（Schachter）已經證明，在產生有意識概念方面的困難中，除了壓抑這種根源之外，還可能有其他的根源。孩子可能有過的一些感知，可以說在成長過程中就已經「忘掉了」。我也試圖在軟弱者抗拒無意識和潛意識的原初過程認知和堅強者抗拒被禁止的衝動、驅力與希望之間進行區分。這些發

展以及其他的發展都顯示，擴展「抗拒」概念的意義是合乎需求的，抗拒近似達到頓悟的困難，不管這些困難的起因如何。

這裡想要說明的是，在治療的情境中，「抗拒」的另一個根源可能是患者對於被類化或臨時歸類有一種健康的厭惡，即厭惡他的個別性、他的獨特性、他與一切其他人的差異、他的特殊同一性等等遭到剝奪。

我以前把類化描述為認知的廉價形式，實際上是兩種非認知的形式，一種迅速的、容易的編目，它的作用是使應有的努力成為不必要的，這種努力是更審慎的、對個體特徵的認識和思考所要求的。把一個人安置到一個體系中去，比按著他的實際情況了解他所需要付出的精力要少，因為在前一種情況下所覺察的一切是一個人的抽象屬性，這些特性顯示他所從屬的種類，如嬰兒、侍者、瑞典人、精神分裂症患者、婦女、將軍、護士等等。類化時強調的是這個人從屬的種類，對這個種類來說，他只是一個樣品，而不是一個人，是類似性而不是差異性。

但應注意到關於類化的一個重要事實，即一般來說對人的類化是冒犯性的，因為類化否定他的個體性，或沒有注意他的個人性質，他的分化的、獨一無二的同一性。正如詹姆斯 1902 年所發表的著名表述：

智力在一個對象上所做的第一件事，就是把它和某個其他東西歸入一類。但是，任何對象對於我們有無限重要性的、並且也能喚醒我們專注的東西，似乎是它應當是自成一類的和獨特的。很可能，一隻蟹如果能夠聽到我們毫不費力的、也不道歉的把牠歸入甲殼綱，而且就這樣處理了牠，那麼，牠也許會充滿人身攻擊感，牠會說：我不是這種東西，我是我自己，我僅僅是我自己。

一個說明對人進行類化能引起怨恨的例子，可以從墨西哥和美國研究

男性、女性概念的著作中援引出來。美國大多數婦女，在第一次到達墨西哥之後，都覺得這裡是令人很愉快的，她受到像對男人那樣高的尊重，無論她走到哪裡都會引起一陣口哨聲、呼嘯聲，並受到各個年齡的男人們的熱切追求，認為她是美麗的和寶貴的。這對於許多經常有心理矛盾的美國的婦女來說，可能是非常滿意的和治療性的體驗，因為這使她們覺得做女人真好，更準備享受女性，反過來這又使她們顯得更加女子氣。

但是，隨著時間的流逝，她們（至少是她們之中的一些人）發現，這絕不像她們想像的那樣完美。她們覺察到，對墨西哥的男人來說，任何婦女 —— 老年婦女和年輕婦女，漂亮的和不漂亮的，聰明的和不聰明的 —— 都是寶貴的，彼此之間的區別待遇很小。而且，她們發現，與美國男子明顯不同的是，墨西哥的男子能平靜的對待拒絕，簡直太平靜了。看來，他並沒有把她放在心上，而且會迅速的轉向另一個婦女。這種情況意味著對於單獨的一個婦女個體，對他不是特別寶貴的；而且也意味著，他的一切努力是指向婦女的，而不是單獨指向她的。這就包含這種含義：一個婦女與另一婦女幾乎沒有什麼差別，並且她是可以由其他婦女代替的。她發現，她不是寶貴的，寶貴的是婦女這個類。最後，她感覺被侮辱了，而不是被奉承了。因為她要求的是作為一個人，作為她自己，而不是作為她的類別，而成為可寶貴的。當然，女性是比個人性占優勢的，它要求優先的滿足，然而它的滿足就使得個人性的要求在動機系統中占據了突出的地位。持久熱烈的愛情、一生一婚制和婦女的自我實現，全都能夠由尊重特定的人造成，絕不會因尊重「婦女」這個類而造成。

不滿意被類化還有一個極普通的事例。如果對青少年說「哎呀！這只是你經歷的一個階段，你最終會長大」，就會普遍引起他們的憤怒。對這個孩子是悲劇性的、真實的、不平凡的一切事情都不能一笑置之，哪怕這

是對其他千百萬人是已經發生過的和將要發生的事情。

　　一個最終的解釋是：一個精神病學家結束與求診者第一次短暫而匆忙的交談中說「你的麻煩，粗略的說，就是你的年齡所特有的」，這個潛在的患者變得非常憤怒，他後來報告說，覺得被丟棄了和被侮辱了。他覺得彷彿他被當作一個孩子了：「我不是一個樣品，我是我，而不是任何其他人。」

　　這種思考也有助於把我們的抗拒概念擴展到經典的心理分析中。因為抗拒通常只看作是精神病患者的防禦，是抵制那些很可能聽到或感知到的令人不快的真實情況。因為它通常被看成是某種不合乎需求的東西，某種需要克服和分析掉的東西。但是，正如上述例子已經表達的那樣，被看成疾病的東西有時可能是健康的，或者至少不是疾病的。治療者在他的病人身上感到的困難，即他們拒絕承認某種解釋，他們的憤怒和回擊，他們的執拗等等，在某種意義上說，這一切幾乎必定是由拒絕被類化引起的。因此，這樣的抗拒可以看成是維護個人的獨特性、同一性和個性，是反對攻擊和蔑視。這種反應不僅維護了個人的尊嚴，而且也幫助他抵禦了不好的常在診斷，即把個人的病情歸入一定的類型。但是，經驗告訴我們，診斷與其說是一種治療的必要程序，不如說是一種法律上和管理上的必要程序。甚至在精神病醫院裡，這一點也變得日益清楚了，沒有什麼人是教科書上的那種病人，診斷說明更長、更豐富、更複雜了，簡單貼標籤已經很少生效。

　　現在已經清楚認識到，必須把患者看作一個獨特的人，而不是作為某一類別的一分子，也就是說，如果主要目的是心理治療的話，就必須這樣做。理解一個人和替一個人歸類或類化並不是同一回事，而理解一個人則是治療的絕對必要的條件。

理解而非「歸類」

從複雜人性到病態心理，馬斯洛「選擇」成功心理學：

高峰經驗 × 約拿情節 × 需求懲罰 × 病態反常，恐懼並非源於他人，成功只看個人！

作　　者：謝蘭舟，馬成功

發 行 人：黃振庭

出 版 者：崧燁文化事業有限公司

發 行 者：崧燁文化事業有限公司

E-mail：sonbookservice@gmail.com

粉 絲 頁：https://www.facebook.com/
　　　　　sonbookss/

網　　址：https://sonbook.net/

地　　址：台北市中正區重慶南路一段六十一號八
　　　　　樓 815 室

Rm. 815, 8F., No.61, Sec. 1, Chongqing S. Rd., Zhongzheng Dist., Taipei City 100, Taiwan

電　　話：(02)2370-3310

傳　　真：(02)2388-1990

印　　刷：京峯數位服務有限公司

律師顧問：廣華律師事務所 張珮琦律師

定　　價：330 元

發行日期：2024 年 01 月第一版

◎本書以 POD 印製

Design Assets from Freepik.com

國家圖書館出版品預行編目資料

從複雜人性到病態心理，馬斯洛「選擇」成功心理學：高峰經驗 × 約拿情節 × 需求懲罰 × 病態反常，恐懼並非源於他人，成功只看個人！ / 謝蘭舟，馬成功 著. -- 第一版. -- 臺北市：崧燁文化事業有限公司，2024.01
面；　公分
POD 版
ISBN 978-626-357-899-9(平裝)
1.CST: 馬斯洛(Maslow, Abraham H.) 2.CST: 成功法 3.CST: 人本心理學
177.2　　112021192

電子書購買

臉書

爽讀 APP